HET VLEESETER BUITENKOOKBOEK

Recepten voor vrij wild voor de grill, roker, kampvuur en kampvuur

Emma Söderberg

Auteursrechtelijk materiaal ©2024

Alle rechten voorbehouden

Geen enkel deel van dit boek mag in welke vorm of op welke manier dan ook worden gebruikt of overgedragen zonder de juiste schriftelijke toestemming van de uitgever en eigenaar van het auteursrecht, met uitzondering van korte citaten die in een recensie worden gebruikt. Dit boek mag niet worden beschouwd als vervanging voor medisch, juridisch of ander professioneel advies.

INHOUDSOPGAVE _

INHOUDSOPGAVE _ 3
INVOERING 7
ROOD VLEES 8

1. ONTBIJT WORST 9
2. ONTBIJTSANDWICH VAN DE VLEESETER 11
3. ONTBIJTSCHOTEL MET SPEK EN WORST 13
4. KOEKENPAN BIEFSTUK BIEFSTUKKEN 15
5. SCHOTSE EIEREN 18
6. KAASACHTIGE GEHAKTBALLETJES 20
7. BIEFSTUKNUGGETS 22
8. GEGRILDE LAMSKOTELETJES 24
9. GEROOSTERDE LAMSBOUT 26
10. VARKENSVLEES RAMEN-BOUILLON 28
11. GEBAKKEN VARKENSHAASJE 30
12. GEBAKKEN EIEREN VAN VLEESETERS 32
13. GESTOOFD BUIKSPEK 34
14. TOMAAT EN RUNDVLEES ROERBAK 36
15. RUNDVLEES EN BROCCOLI 39
16. ZWARTE PEPER RUNDVLEES ROERBAK 42
17. MONGOOLS RUNDVLEES 45
18. SICHUAN-RUNDVLEES MET SELDERIJ EN WORTELEN 48
19. HOISIN RUNDVLEES SLA CUPS 51
20. GEBAKKEN VARKENSKARBONADES MET UI 54
21. VIJFKRUIDENVARKENSVLEES MET PAKSOI 57
22. HOISIN-VARKENSVLEES ROERBAK 59
23. TWEEMAAL GEKOOKT BUIKSPEK 61
24. MU SHU-VARKENSVLEES MET KOEKENPANPANNENKOEKJES 64
25. VARKENSSPARERIBS MET ZWARTE BONENSAUS 67
26. GEROERBAKT MONGOOLS LAMSVLEES 69
27. LAMSVLEES MET GEMBER EN PREI 72
28. THAIS BASILICUMRUNDVLEES 75

29. Chinees BBQ-varkensvlees 77
30. Gestoomde BBQ-varkensbroodjes 80
31. Kantonese geroosterde buikspek 83

WIT VLEES 86

32. Romige Knoflook Kippensoep 87
33. Kippenvleugels 89
34. Eenvoudige gebakken kippenborsten 91
35. Krokante Kippendijen 93
36. Kipnuggets van vleeseters 95
37. Gerookte Bacon Gehaktballetjes 97
38. Gebakken Kip Bacon 99
39. Pepperoni-gehaktballetjes 101
40. Parmezaanse kippendijen met korst 103
41. Knoflookboter Kip 105
42. In Knoflook Bacon Verpakte Kiphapjes 107
43. Kip spiesjes(kebab) 109
44. Wafels van vleeseters 111
45. Frieten van de vleeseter 113
46. Gegrilde kippendrumsticks met knoflookmarinade 115
47. Kung Pao-kip 117
48. Broccoli-kip 119
49. Kip met mandarijnschil 121
50. Cashew Kip 124
51. Kip en Groenten met Zwarte Bonensaus 127
52. Groene Bonen Kip 130
53. Kip in Sesamsaus 133
54. Zoete en zure kip 136
55. Moo Goo Gai Pan 139
56. Ei Foo Yong 142
57. Tomaat Ei Roerbak 144
58. Garnalen en roerei 146
59. Hartige gestoomde eiervla 149
60. Chinese afhaal gebakken kippenvleugels 151
61. Thaise basilicumkip 153

VIS EN ZEEVRUCHTEN 155

62. Zalm en Roomkaas Bijt 156
63. Gebakken visfilets 158
64. Zalmkoekjes 160
65. Gegrilde gespleten kreeft 162
66. Visgratenbouillon 164
67. Knoflookboter Garnalen 166
68. Gegrilde garnalen 168
69. Knoflook Ghee Gebakken Kabeljauw 170
70. Zout en peper garnalen 172
71. Dronken garnalen 175
72. Roergebakken garnalen in Shanghainese stijl...177
73. Walnoot Garnalen 179
74. Gefluwelen Sint-jakobsschelpen 182
75. Zeevruchten en groenten roerbakken met noedels 185
76. Hele gestoomde vis met gember en lente-uitjes 188
77. Geroerbakte vis met gember en paksoi 191
78. Mosselen in Zwarte Bonensaus 193
79. Kokos Curry Krab 195
80. Gefrituurde inktvis met zwarte peper 197
81. Gefrituurde oesters met chili-knoflookconfetti 199
82. Airfryer Kokosgarnalen 202
83. Airfryer Citroen Peper Garnalen 204
84. In Bacon Verpakte Garnalen 206
85. Geweldige krabschelpen 208
86. Garnalen Gevulde Champignons 210
87. Amerikaanse ceviche 212
88. Dumplings met varkensvlees en garnalen 214
89. Voorgerecht Garnalen Kabobs 216
90. Mexicaanse garnalencocktail...218

ORGANENVLEES 220

91. In de pan geschroeide rundvleestong 221
92. Marokkaanse leverkebabs 223
93. Quiche van de vleeseter 225
94. Gemakkelijk rundvleeshart...227
95. Taart van een vleeseter 229
96. Gemakkelijke rundvleesnierbeten 231

97. Rundvlees- en kippenleverburgers 233
98. Kippenharten 235
99. Geroosterd beenmerg 237
100. Kippenlever Pate 239

CONCLUSIE 241

INVOERING

Stap de natuur in en ga op een culinair avontuur met Het Vleeseter Buitenkookboek', waar de rokerige aroma's van de grill, het geknetter van het kampvuur en het gesis van wild samen een symfonie van smaken creëren. Dit kookboek is uw gids om buitenkoken naar een hoger niveau te tillen en biedt een verzameling recepten voor vrij wild, ontworpen voor de grill, roker, kampvuur en kampvuur. Of u nu een doorgewinterde jager bent of een liefhebber van buitenfeesten, bereid u voor op de spanning van de jacht en de voldoening van het koken van uw oogst onder de blote hemel.

Stel je de kameraadschap rond het kampvuur voor, de wildernis die weergalmt van de geluiden van de natuur, en de verwachting van een feestmaal gemaakt van de overvloed van het buitenleven. " Het Vleeseter Buitenkookboek " is meer dan alleen een verzameling recepten; het is een ode aan de verbinding tussen de jager, het land en de heerlijke beloningen die voortkomen uit koken in het wild.

Van perfect gegrilde hertenbiefstukken tot hartige stoofschotels bij kampvuur en onweerstaanbaar gerookt wild: elk recept is een ode aan de wilde smaken die de natuur biedt. Of u nu midden in het achterland bent, op een camping aan het meer of gewoon in uw achtertuin, deze recepten zijn gemaakt om buitenkoken tot een onvergetelijke en heerlijke ervaring te maken.

Ga met ons mee en ontdek de kunst van het grillen, roken en koken op een kampvuur met vrij wild. " Het Vleeseter Buitenkookboek " is uw metgezel om de elementen onder de knie te krijgen, te genieten van de vruchten van de jacht en onvergetelijke buitenmaaltijden te creëren die mensen samenbrengen rond het vuur.

Dus stook de vlammen op, bereid je spullen voor en laten we duiken in de wilde en heerlijke wereld van buitenkoken met Het Vleeseter Buitenkookboek '.

ROOD VLEES

1.Ontbijt Worst

INGREDIËNTEN:
- 1 ½ pond gemalen varkensvlees of rundvlees of een mengsel van beide
- ¾ theelepel gedroogde peterselie
- ½ theelepel peper
- ¼ theelepel gemalen rode peper
- 2 eetlepels spekvet of ghee of reuzel
- 1 ½ theelepel zout of naar smaak
- ½ theelepel gedroogde salie
- ¼ theelepel venkelzaad
- ½ theelepel gemalen koriander

INSTRUCTIES:
a) Voeg vlees, zout, gedroogde kruiden en specerijen toe aan een kom en meng goed.
b) Maak 12 pasteitjes en bak ze in spekvet. Kook tot het bruin wordt.
c) Draai de pasteitjes om en bak ze aan beide kanten goed.
d) Verwijder de pasteitjes en plaats ze op keukenpapier.
e) Kook de overige worsten op dezelfde manier.
f) Deze worstpasteitjes kun je invriezen. Hiervoor kunt u de worsten, nadat ze zijn afgekoeld, op een bakplaat leggen en invriezen tot ze stevig zijn.
g) Haal de bevroren worstjes van de bakplaat en plaats ze in diepvrieszakken. Je kunt de worsten maximaal 6 maanden invriezen.
h) Als je ze niet wilt invriezen, plaats de worsten dan in een luchtdichte verpakking in de koelkast. Gebruik binnen 5 - 6 dagen.

2. Ontbijtsandwich van de vleeseter

INGREDIËNTEN:
- 4 worstpasteitjes
- 2 plakjes cheddarkaas (2 ons)
- 2 eieren
- 2 theelepels boter of spekvet
- Zout en peper naar smaak

INSTRUCTIES:
a) Maak de pasteitjes plat tot een dikte van ongeveer een halve centimeter.
b) Zet een koekenpan op middelhoog vuur. Voeg 1 theelepel boter toe. Zodra de boter gesmolten is, plaats je de pasteitjes in de pan.
c) Bak tot de onderkant bruin is. Draai de pasteitjes om en bak ook de andere kant goed.
d) Haal de pasteitjes met een schuimspaan uit de pan en leg ze op een laagje keukenpapier om uit te lekken.
e) Voeg nog een theelepel boter toe aan de pan. Zodra de boter gesmolten is, breek je de eieren in de pan. Kook de eieren met de zonnige kant naar boven. Breng de eieren op smaak met zout en peper.
f) Om de sandwich te maken: Plaats 2 pasteitjes op een bord en leg op elk pasteitje een ei, gevolgd door een plakje kaas. Maak de sandwich compleet door deze te bedekken met de resterende pasteitjes en serveer.

3.Ontbijtschotel met spek en worst

INGREDIËNTEN:
- 6 eieren
- 6 plakjes spek, gekookt verkruimeld
- 1 kopje geraspte Parmezaanse kaas
- ¾ pond worstjes
- 6 eetlepels slagroom
- 1 theelepel hete saus
- Kruiden naar keuze

INSTRUCTIES:
a) Doe een beetje dierlijk vet in een ovenschaal en vet deze goed in.
b) Zorg ervoor dat uw oven is voorverwarmd tot 350 ° F.
c) Zet een koekenpan met worst op middelhoog vuur. Kook tot bruin. Je moet het verkruimelen terwijl het kookt. Zet het vuur uit.
d) Voeg spek toe en meng goed. Verdeel het vleesmengsel in de braadpan.
e) Strooi ½ kopje kaas over het vlees.
f) Meng de eieren, room, hete saus en kruiden in een blender tot een gladde massa.
g) Sprenkel de vlees- en kaaslaag erover. Strooi de overgebleven kaas erover.
h) Bak de braadpan ongeveer 30 minuten of tot hij van binnen goed gaar is. Om dit te controleren, steekt u een mes in het midden van de braadpan en trekt u het er onmiddellijk uit. Als er deeltjes op het mes zitten, bak dan nog een paar minuten.
i) Laat 10-12 minuten afkoelen en serveer.

4.Koekenpan Biefstuk biefstukken

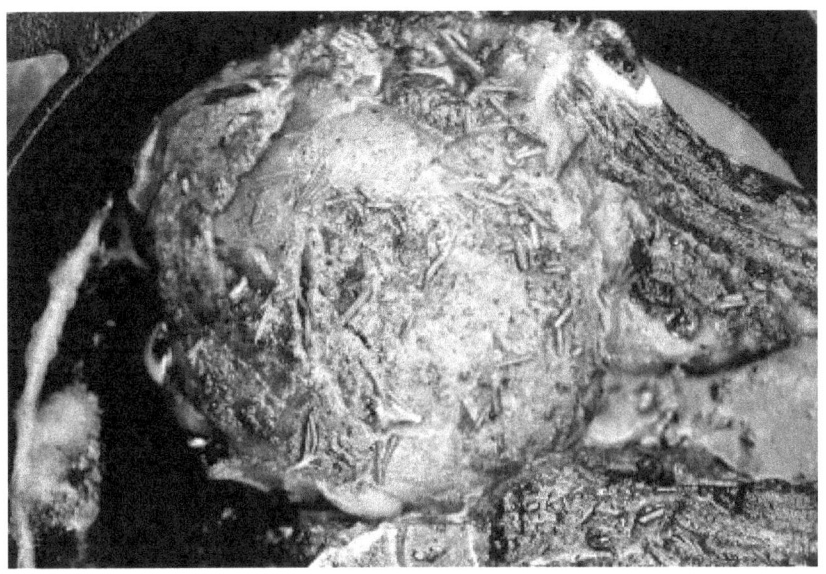

INGREDIËNTEN:
- 2 rib-eye steaks met botten (1 ¼ - 1 ½ inch dik)
- 4 theelepels fijngehakte verse rozemarijnblaadjes
- 2 eetlepels olijfolie
- 2 theelepels Stone House-kruiden of een andere smaakmaker naar keuze
- 2 eetlepels ongezouten boter

INSTRUCTIES:
a) Strooi kruiden over de steaks. Wrijf het er goed in.
b) Leg het op een bakplaat en strooi er rozemarijnblaadjes overheen.
c) Bedek de bakplaat met huishoudfolie en plaats deze in de koelkast. Ze blijven maximaal 3 dagen vers.
d) Haal de bakplaat 30 minuten voor het koken uit de koelkast en plaats deze op je aanrecht.
e) Zet een koekenpan op middelhoog vuur en laat deze opwarmen. Voeg olie en boter toe en wacht tot de boter is gesmolten.
f) Leg de steaks in de koekenpan.
g) Voor rare: Bak 2-3 minuten aan beide kanten, zodat de biefstuk aan alle kanten goudbruin wordt. Bedruip de steaks met de vloeistof terwijl deze blijft koken.
h) Druk met een tang (achter het gedeelte) de biefstuk in het midden. Als hij zacht is, haal je de biefstuk uit de pan en leg je hem op een snijplank.
i) Voor medium: Kook gedurende 4 minuten of tot de onderkant licht goudbruin is. Draai de zijkanten één keer om en bak de andere kant gedurende 4 minuten. Bestrijk de steaks tijdens het koken met de gekookte vloeistof.
j) Druk met een tang de biefstuk in het midden. Als het iets steviger is, haal je de steaks uit de pan.
k) Voor doorbakken: Kook gedurende 5-6 minuten of tot de onderkant goudbruin is. Draai de zijkanten één keer om en bak de andere kant 5-6 minuten. Bestrijk de steaks tijdens het koken met de gekookte vloeistof.
l) Druk met een tang (achter het gedeelte) de biefstuk in het midden. Als het erg stevig is, haal de steaks dan uit de pan.
m) Wanneer de steaks naar wens gaar zijn, haalt u de steaks uit de pan en legt u ze op een snijplank.
n) Bedek de biefstuk met folie en laat hem 5 minuten rusten.
o) Snijd tegen de korrel in en serveer.

5.Schotse eieren

INGREDIËNTEN:
- 3 middelgrote eieren, hardgekookt, gepeld
- 1 theelepel kruiden of specerijen naar keuze
- ¼ theelepel zout of naar smaak
- ½ pond gemalen rood vlees naar keuze
- Peper naar smaak (optioneel)

INSTRUCTIES:
a) Verwarm uw oven voor op 350 ° F.
b) Droog de eieren door ze af te kloppen met een theedoek.
c) Gebruik alle gewenste kruiden. Een paar suggesties zijn kerriepoeder, mosterd, peterselie, Italiaanse kruiden of Old Bay .
d) Gebruik bij voorkeur mager vlees, anders kan het vlees dat het ei bedekt, loslaten als het vet smelt.
e) Meng het vlees, het kruidenzout en de peper in een kom. Verdeel het mengsel in 3 gelijke porties.
f) Neem een portie vlees en druk het plat met je handpalm. Plaats een ei in het midden en omsluit het ei met het vlees (zoals een knoedel). Plaats op een ingevette bakplaat.
g) Herhaal de vorige stap en maak de andere Schotse eieren.
h) Plaats de bakplaat in de oven en bak ongever 25 tot 30 minuten of tot de bovenkant goudbruin is.

6.Kaasachtige gehaktballetjes

INGREDIËNTEN:
- 1 ons varkenszwoerd
- 1 pond grasgevoerd rundergehakt
- ½ theelepel roze zeezout
- 1 ½ ounce geraspte Italiaanse kaasmix
- 1 groot weide-ei
- ½ eetlepel reuzel

INSTRUCTIES:
a) Bereid een bakplaat voor door deze te bekleden met bakpapier. Verwarm uw oven voor op 350 ° F.
b) Meng rundvlees, varkenszwoerd, zout, ei, kaas en reuzel in een kom. Maak 12 gelijke porties van het mengsel en vorm er balletjes van. Leg de balletjes op een bakplaat.
c) Bak de gehaktballetjes ongeveer 20-30 minuten. Draai de balletjes na ongeveer 10-12 minuten bakken om. Als de gehaktballetjes goed gaar zijn, moet de interne temperatuur in het midden van de gehaktbal 165° F zijn.
d) Je kunt de gehaktballetjes bereiden in een airfryer als je die hebt. Draai de balletjes een paar keer rond tijdens het bakken in de airfryer.
e) Haal de gehaktballetjes uit de pan en serveer.

7.Biefstuknuggets

INGREDIËNTEN:
- 2 pond hertenbiefstuk of biefstuk, in stukjes gesneden
- Reuzel, zoals vereist, om te bakken
- 2 grote weideeieren

BREKEN
- 1 kopje geraspte Parmezaanse kaas
- 1 theelepel gekruid zout
- 1 kopje varkenspanko

INSTRUCTIES:
a) Klop de eieren los in een kom.
b) Voeg varkenspanko, zout en parmezaanse kaas toe aan een ondiepe kom en roer.
c) Dompel eerst de stukken biefstuk één voor één in het ei. Schud de overtollige vloeistof af, bagger het in het parmezaanse mengsel en plaats het op een bord.
d) Herhaal dit proces met de resterende stukken biefstuk.
e) Giet voldoende reuzel in een diepe pan. Zet de pan op middelhoog vuur en laat het reuzel opwarmen.
f) Wanneer de olie is verwarmd tot ongeveer 325 ° F, laat u voorzichtig een paar van de gepaneerde stukken biefstuk in de olie vallen. Draai de steakstukken een paar keer om, zodat ze rondom gelijkmatig bruin worden.
g) Verwijder de biefstuk met een schuimspaan en plaats deze op een bord dat is bekleed met keukenpapier. Laat het een paar minuten uitlekken.
h) Kook de overige stukken biefstuk op dezelfde manier (stap 6-7). Dienen.

8.Gegrilde Lamskoteletjes

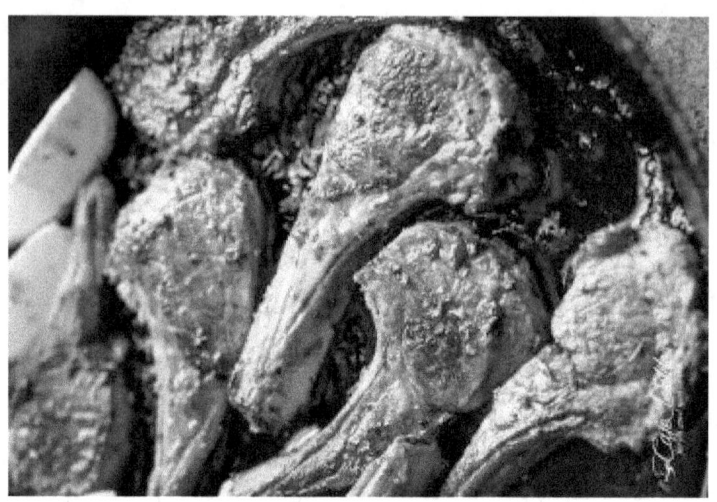

INGREDIËNTEN:
- 4 lamskoteletjes (¾ inch dik)
- ½ eetlepel fijngehakte verse rozemarijn
- Zout naar smaak
- 1 ½ eetlepel extra vergine olijfolie
- 2 teentjes knoflook, gepeld, fijngehakt
- Versgemalen peper naar smaak

INSTRUCTIES:
a) Voeg rozemarijn, zout, olie, knoflook en peper toe in een kom en meng goed.
b) Verdeel dit mengsel over de karbonades en doe ze in een kom. Laat het ongeveer 15 minuten marineren.
c) Zet intussen uw grill op en verwarm deze voor op middelhoog. Je kunt het ook in een grillpan bereiden.
d) Voor zeldzaam: Kook gedurende 2-3 minuten of tot de onderkant licht goudbruin is. Draai de zijkanten één keer om en bak de andere kant 2-3 minuten.
e) Voor medium-rare: Kook gedurende 4 minuten of tot de onderkant licht goudbruin is. Draai de zijkanten één keer om en bak de andere kant gedurende 4 minuten.
f) Verwijder het met een schuimspaan en plaats het op een serveerschaal die is bekleed met bakpapier.
g) Serveer nadat u het 5 minuten heeft laten rusten.

9.Geroosterde Lamsbout

INGREDIËNTEN:
- 2 teentjes knoflook, gepeld, in plakjes gesneden
- Zout naar smaak
- 2 ½ pond lamsbout
- Paar takjes verse rozemarijn
- Peper naar smaak

INSTRUCTIES:
a) Bereid een bakvorm voor door deze in te vetten met wat vet. Zorg ervoor dat uw oven is voorverwarmd tot 350 ° F.
b) Maak een paar inkepingen in het lamsvlees. Vul de sleuven met plakjes knoflook.
c) Strooi flink wat zout en peper over de lamsbouten.
d) Strooi een paar takjes rozemarijn in de pan en leg de lamsbouten erop. Strooi ook wat takjes rozemarijn over de poten.
e) Rooster ongeveer 1 uur en 30 minuten, of zoals jij het wilt. Voor medium-rare moet de interne temperatuur in het midden van het dikste deel van het vlees 135° F zijn.

10.Varkensvlees Ramen-bouillon

INGREDIËNTEN:
- 1,1 pond varkensbotten, in grote stukken gesneden
- 2 ¾ pond varkensdravers, alleen het beengedeelte, in kleinere stukjes gesneden
- 1 kippenkarkas
- 5,3 ons varkenshuid
- 7 ½ liter water en extra om te blancheren

INSTRUCTIES:
a) Voor het blancheren van botten: Neem een grote pan. Leg er varkenspoten en varkensbotten in. Giet voldoende water om de botten te bedekken.
b) Zet de pot op middelhoog vuur. Laat het ongeveer 10 minuten aan de kook komen. Haal van het vuur. Verwijder de botten en bewaar deze opzij.
c) Gooi het water weg en spoel de pot goed af.
d) Maak de botten schoon van eventuele bloedstolsels en schuim met een scherp mes. Zorg ervoor dat u alles verwijdert.
e) Voeg 7,5 liter water toe aan een grote pot. Aan de kook brengen. Voeg de botten toe aan de pot. Voeg ook de varkenshuid toe.
f) Zet het vuur lager en laat het sudderen.
g) In eerste instantie zal het schuim naar boven gaan drijven. Verwijder het schuim met een grote lepel en gooi het weg. Snijd ook het overtollige vet weg.
h) Dek de pan af met een deksel en laat ongeveer 12-15 uur sudderen. De voorraad zou in hoeveelheid zijn afgenomen en zal dikker en enigszins troebel zijn.
i) Haal van het vuur. Als het is afgekoeld, zeef je het in een grote pot met een zeef van draadgaas.
j) 5-6 dagen in de koelkast bewaren. Ongebruikte bouillon kan worden ingevroren.
k) Serveren: grondig verwarmen. Voeg naar smaak zout en peper toe en serveer.

11. Gebakken varkenshaasje

INGREDIËNTEN:
- 2 pond varkenshaas, in vieren
- Zout en peper naar smaak
- 2 eetlepels ghee of reuzel

INSTRUCTIES:
a) Plaats een grote koekenpan op middelhoog vuur. Voeg vet toe en laat het smelten.
b) Voeg het varkensvlees toe en laat een paar minuten ongestoord koken. Draai en kook de andere kanten op dezelfde manier totdat de interne temperatuur van het vlees in het dikste deel 145 ° F aangeeft.
c) Haal het varkensvlees uit de pan en leg het op je snijplank. Wanneer het koel genoeg is om te hanteren, snijd je het in plakjes van 1 inch dik. Dienen.

12. Gebakken eieren van vleeseters

INGREDIËNTEN:
- ½ eetlepel gezouten boter
- ½ theelepel gedroogde peterselie
- ¼ theelepel gemalen gerookte paprikapoeder
- 2 grote eieren
- 3,5 ons rundergehakt
- ½ theelepel gemalen komijn
- Zout en peper naar smaak
- ¼ kopje geraspte cheddarkaas

INSTRUCTIES:
a) Verwarm uw oven voor op 400 ° F.
b) Doe de boter in een kleine ovenvaste koekenpan, plaats deze op een hoog vuur en laat smelten.
c) Voeg het rundvlees toe en bak een minuutje, al roerend.
d) Roer de paprika, zout, peper, komijn en peterselie erdoor. Breek het vlees terwijl het kookt. Zet het vuur uit.
e) Verdeel het vleesmengsel gelijkmatig over de hele pan. Maak 2 gaten in de pan. De gaten moeten groot genoeg zijn zodat er een ei in past.
f) Breek elk een ei in elke holte.
g) Plaats de koekenpan in de oven en bak tot de eieren gaar zijn zoals jij dat wilt.

13.Gestoofd buikspek

INGREDIËNTEN:
- 3/4 pond mager buikspek, met vel
- 2 eetlepels olie
- 1 eetlepel suiker (steensuiker heeft de voorkeur als je die hebt)
- 3 eetlepels shaoxingwijn
- 1 eetlepel gewone sojasaus
- ½ eetlepel donkere sojasaus
- 2 kopjes water

INSTRUCTIES:
a) Begin met het snijden van je buikspek in stukjes van 3/4 inch dik.
b) Breng een pot water aan de kook. Blancheer de stukjes buikspek een paar minuten. Hierdoor worden onzuiverheden verwijderd en wordt het kookproces gestart. Haal het varkensvlees uit de pan, spoel het af en zet het opzij.
c) Voeg op laag vuur de olie en suiker toe aan je wok. Smelt de suiker een beetje en voeg het varkensvlees toe. Verhoog het vuur tot medium en kook tot het varkensvlees lichtbruin is.
d) Zet het vuur laag en voeg shaoxing-kookwijn, gewone sojasaus, donkere sojasaus en water toe.
e) Dek af en laat ongeveer 45 minuten tot 1 uur sudderen tot het varkensvlees gaar is. Roer elke 5-10 minuten om aanbranden te voorkomen en voeg meer water toe als het te droog wordt.
f) Zodra het varkensvlees gaar is en er nog steeds veel zichtbare vloeistof is, haalt u de wok eruit, zet u het vuur hoger en roert u voortdurend totdat de saus is ingekookt tot een glinsterende laag.

14. Tomaat en Rundvlees Roerbak

INGREDIËNTEN:

- ¾ pond flank- of roksteak, tegen de draad in gesneden in plakjes van ¼ inch dik
- 1½ eetlepel maizena, verdeeld
- 1 eetlepel Shaoxing-rijstwijn
- Kosjer zout
- Gemalen witte peper
- 1 eetlepel tomatenpuree
- 2 eetlepels lichte sojasaus
- 1 theelepel sesamolie
- 1 theelepel suiker
- 2 eetlepels water
- 2 eetlepels plantaardige olie
- 4 geschilde plakjes verse gember, elk ongeveer zo groot als een kwart
- 1 grote sjalot, in dunne plakjes gesneden
- 2 teentjes knoflook, fijngehakt
- 5 grote tomaten, elk in 6 partjes gesneden
- 2 lente-uitjes, witte en groene delen gescheiden, in dunne plakjes gesneden

INSTRUCTIES:

a) Meng het rundvlees in een kleine kom met 1 eetlepel maizena, rijstwijn en een klein snufje zout en witte peper. Zet 10 minuten opzij.

b) Roer in een andere kleine kom de resterende ½ eetlepel maizena, tomatenpuree, lichte soja, sesamolie, suiker en water door elkaar. Opzij zetten.

c) Verhit een wok op middelhoog vuur tot een druppel water sist en bij contact verdampt. Giet de plantaardige olie erbij en draai om de bodem van de wok te bedekken. Breng de olie op smaak door de gember en een snufje zout toe te voegen. Laat de gember ongeveer 30 seconden in de olie sissen, terwijl je hem zachtjes ronddraait.

d) Doe het rundvlees in de wok en roerbak 3 tot 4 minuten, tot het niet meer roze is. Voeg de sjalot en knoflook toe en roerbak 1 minuut. Voeg de tomaten en het eiwit van de lente-uitjes toe en blijf roeren.

e) Roer de saus erdoor en blijf 1 tot 2 minuten roeren, of totdat het vlees en de tomaten bedekt zijn en de saus iets is ingedikt.

f) Gooi de gember weg, doe hem op een schaal en garneer met de lente-uitjes. Heet opdienen.

15. Rundvlees en Broccoli

INGREDIËNTEN:
- ¾ pond roksteak, dwars op de korrel gesneden in plakjes van ¼ inch dik
- 1 eetlepel zuiveringszout
- 1 eetlepel maizena
- 4 eetlepels water, verdeeld
- 2 eetlepels oestersaus
- 2 eetlepels Shaoxing rijstwijn
- 2 theelepels lichtbruine suiker
- 1 eetlepel hoisinsaus
- 2 eetlepels plantaardige olie
- 4 geschilde plakjes verse gember, ongeveer zo groot als een kwart
- Kosjer zout
- 1 pond broccoli, in hapklare roosjes gesneden
- 2 teentjes knoflook, fijngehakt

INSTRUCTIES:

a) Meng in een kleine kom het rundvlees en de zuiveringszout tot een laagje. Zet 10 minuten opzij. Spoel het rundvlees zeer goed af en dep het vervolgens droog met keukenpapier.

b) Roer in een andere kleine kom het maizena met 2 eetlepels water en meng de oestersaus, rijstwijn, bruine suiker en hoisinsaus erdoor. Opzij zetten.

c) Verhit een wok op middelhoog vuur tot een druppel water sist en bij contact verdampt. Giet de olie erbij en draai rond zodat de bodem van de wok bedekt is. Breng de olie op smaak door de gember en een snufje zout toe te voegen. Laat de gember ongeveer 30 seconden in de olie sissen, terwijl je hem zachtjes ronddraait. Voeg het rundvlees toe aan de wok en roerbak 3 tot 4 minuten, tot het niet meer roze is. Doe het rundvlees in een kom en zet opzij.

d) Voeg de broccoli en knoflook toe en roerbak 1 minuut. Voeg vervolgens de resterende 2 eetlepels water toe. Dek de wok af en stoom de broccoli gedurende 6 tot 8 minuten, tot hij knapperig gaar is.

e) Doe het vlees terug in de wok en roer de saus er 2 tot 3 minuten door, tot het geheel bedekt is en de saus iets is ingedikt. Gooi de gember weg, doe hem op een schaal en serveer warm.

16.Zwarte peper rundvlees roerbak

INGREDIËNTEN:
- 1 eetlepel oestersaus
- 1 eetlepel Shaoxing-rijstwijn
- 2 theelepels maizena
- 2 theelepels lichte sojasaus
- Gemalen witte peper
- ¼ theelepel suiker
- ¾ pond runderhaaspuntjes of entrecotepuntjes, in stukken van 1 inch gesneden
- 3 eetlepels plantaardige olie
- 3 geschilde plakjes verse gember, elk ongeveer zo groot als een kwart
- Kosjer zout
- 1 groene paprika, in reepjes van ½ inch breed gesneden
- 1 kleine rode ui, in dunne reepjes gesneden
- 1 theelepel versgemalen zwarte peper, of meer naar smaak
- 2 theelepels sesamolie

INSTRUCTIES:

a) Roer in een mengkom de oestersaus, rijstwijn, maizena, lichte soja, een snufje witte peper en suiker door elkaar. Schep het vlees om en laat het 10 minuten marineren.
b) Verhit een wok op middelhoog vuur tot een druppel water sist en bij contact verdampt. Giet de plantaardige olie erbij en draai om de bodem van de wok te bedekken. Voeg de gember en een snufje zout toe. Laat de gember ongeveer 30 seconden in de olie sissen, terwijl je hem zachtjes ronddraait.
c) Breng het rundvlees met een tang over in de wok en gooi de resterende marinade weg. Schroei tegen de wok gedurende 1 tot 2 minuten, of tot er een bruin geschroeide korst ontstaat. Draai het vlees om en schroei aan de andere kant, nog eens 2 minuten. Roerbak, roer en draai nog 1 tot 2 minuten in de wok en doe het vlees vervolgens in een schone kom.
d) Voeg de paprika en ui toe en roerbak 2 tot 3 minuten, of tot de groenten er glanzend en zacht uitzien. Doe het vlees terug in de wok, voeg de zwarte peper toe en roerbak nog 1 minuut.
e) Gooi de gember weg, doe hem in een schaal en sprenkel de sesamolie erover. Heet opdienen.

17.Mongools rundvlees

INGREDIËNTEN:

- 2 eetlepels Shaoxing rijstwijn
- 1 eetlepel donkere sojasaus
- 1 eetlepel maizena, verdeeld
- ¾ pond zijsteak, tegen de draad in gesneden in plakjes van ¼ inch dik
- ¼ kopje natriumarme kippenbouillon
- 1 eetlepel lichtbruine suiker
- 1 kopje plantaardige olie
- 4 of 5 hele gedroogde rode Chinese pepers
- 4 teentjes knoflook, grof gesneden
- 1 theelepel geschilde fijngehakte verse gember
- ½ gele ui, in dunne plakjes gesneden
- 2 eetlepels grof gesneden verse koriander

INSTRUCTIES:
a) Roer in een mengkom de rijstwijn, donkere soja en 1 eetlepel maizena door elkaar. Voeg de gesneden zijsteak toe en schep om. Zet opzij en marineer gedurende 10 minuten.
b) Giet de olie in een wok en breng deze op middelhoog vuur tot 375 ° F. Je kunt zien dat de olie de juiste temperatuur heeft als je het uiteinde van een houten lepel in de olie doopt. Als de olie eromheen borrelt en sist, is de olie klaar.
c) Haal het rundvlees uit de marinade en bewaar de marinade. Voeg het rundvlees toe aan de olie en bak 2 tot 3 minuten, totdat het een gouden korst krijgt. Doe het vlees met behulp van een wokschuimer in een schone kom en zet opzij. Voeg de kippenbouillon en bruine suiker toe aan de marinadekom en roer om te combineren.
d) Giet op 1 eetlepel na alle olie uit de wok en zet deze op middelhoog vuur. Voeg de chilipepers, knoflook en gember toe. Laat de aromaten ongeveer 10 seconden in de olie sissen en zachtjes ronddraaien.
e) Voeg de ui toe en roerbak 1 tot 2 minuten, of tot de ui zacht en doorschijnend is. Voeg het kippenbouillonmengsel toe en roer om te combineren. Laat ongeveer 2 minuten sudderen, voeg dan het rundvlees toe en meng alles nog eens 30 seconden.
f) Doe het op een schaal, garneer met de koriander en serveer warm.

18. Sichuan-rundvlees met selderij en wortelen

INGREDIËNTEN:
- 2 eetlepels Shaoxing rijstwijn
- 1 eetlepel donkere sojasaus
- 2 theelepels sesamolie
- ¾ pond flank- of roksteak, tegen de draad in gesneden in plakjes van ¼ inch dik
- 1 eetlepel hoisinsaus
- 2 theelepels lichte sojasaus
- 2 theelepels water
- 2 eetlepels maizena, verdeeld
- ¼ theelepel Chinees vijfkruidenpoeder
- 2 eetlepels plantaardige olie
- 1 theelepel Sichuan-peperkorrels, geplet
- 4 geschilde plakjes verse gember, elk ongeveer zo groot als een kwart
- 3 teentjes knoflook, licht geplet
- 2 stengels bleekselderij, julienned tot reepjes van 3 inch
- 1 grote wortel, geschild en in julienne gesneden tot reepjes van 7,5 cm
- 2 lente-uitjes, in dunne plakjes gesneden

INSTRUCTIES:

a) Roer in een mengkom de rijstwijn, donkere soja en sesamolie door elkaar. Voeg het rundvlees toe en meng om te combineren. Zet 10 minuten opzij. Meng in een kleine kom de hoisinsaus, lichte soja, water, 1 eetlepel maizena en vijfkruidenpoeder. Opzij zetten.

b) Verhit een wok op middelhoog vuur tot een druppel water sist en bij contact verdampt. Giet de plantaardige olie erbij en draai om de bodem van de wok te bedekken. Breng de olie op smaak door de peperkorrels, gember en knoflook toe te voegen. Laat de aromaten ongeveer 10 seconden in de olie sissen en zachtjes ronddraaien.

c) Gooi het rundvlees in de resterende 1 eetlepel maizena om het te bedekken en voeg het toe aan de wok. Schroei het vlees 1 tot 2 minuten tegen de zijkant van de wok, of tot er een goudbruine geschroeide korst ontstaat. Draai om en schroei nog een minuut aan de andere kant. Roer en draai nog ongeveer 2 minuten, totdat het vlees niet meer roze is.

d) Verplaats het vlees naar de zijkanten van de wok en voeg de bleekselderij en wortel toe aan het midden. Roerbak, roer en draai tot de groenten gaar zijn, nog eens 2 tot 3 minuten. Roer het hoisinsausmengsel door en giet het in de wok. Ga door met roerbakken en bestrijk het rundvlees en de groenten met de saus gedurende 1 tot 2 minuten, totdat de saus dikker begint te worden en glanzend wordt. Verwijder de gember en knoflook en gooi deze weg.

e) Doe het op een schaal en garneer met de lente-uitjes. Heet opdienen.

19.Hoisin Rundvlees Sla Cups

INGREDIËNTEN:
- ¾ pond rundergehakt
- 2 theelepels maizena
- Kosjer zout
- Vers gemalen zwarte peper
- 3 eetlepels plantaardige olie, verdeeld
- 1 eetlepel geschilde fijngehakte gember
- 2 teentjes knoflook, fijngehakt
- 1 wortel, geschild en in julienne gesneden
- 1 (4-ounce) blikje waterkastanjes in blokjes gesneden, uitgelekt en gespoeld
- 2 eetlepels hoisinsaus
- 3 bosuitjes, witte en groene delen gescheiden, in dunne plakjes gesneden
- 8 brede ijsbergslablaadjes (of Bibb-sla), bijgesneden tot nette ronde kopjes

INSTRUCTIES:

a) Bestrooi het rundvlees in een kom met het maizena en een snufje zout en peper. Meng goed om te combineren.

b) Verhit een wok op middelhoog vuur tot een waterdruppel sist en bij contact verdampt. Giet er 2 eetlepels olie in en roer om de bodem van de wok te bedekken. Voeg het rundvlees toe en laat het aan beide kanten bruin worden, roer het dan om en verdeel het vlees in kruimels en klontjes gedurende 3 tot 4 minuten, totdat het vlees niet meer roze is. Doe het rundvlees in een schone kom en zet opzij.

c) Veeg de wok schoon en zet hem terug op middelhoog vuur. Voeg de resterende 1 eetlepel olie toe en roerbak de gember en knoflook snel met een snufje zout. Zodra de knoflook geurig is, doe je de wortel en de waterkastanjes er 2 tot 3 minuten in, tot de wortel zacht wordt. Zet het vuur middelhoog, doe het vlees terug in de wok en meng het met de hoisinsaus en de lente-uitjes. Gooi om te combineren, nog ongeveer 45 seconden.

d) Verdeel de slablaadjes, 2 per bord, en verdeel het rundvleesmengsel gelijkmatig over de slablaadjes. Garneer met de lente-uitjes en eet zoals je zou doen met een zachte taco.

20. Gebakken varkenskarbonades met ui

INGREDIËNTEN:
- 4 varkenshaasjes zonder botten
- 1 eetlepel Shaoxing-wijn
- ½ theelepel versgemalen zwarte peper
- Kosjer zout
- 3 kopjes plantaardige olie
- 2 eetlepels maizena
- 3 geschilde plakjes verse gember, elk ongeveer zo groot als een kwart
- 1 middelgrote gele ui, in dunne plakjes gesneden
- 2 teentjes knoflook, fijngehakt
- 2 eetlepels lichte sojasaus
- 1 theelepel donkere sojasaus
- ½ theelepel rode wijnazijn
- Suiker

INSTRUCTIES:

a) Sla de karbonades met een vleeshamer tot ze een halve centimeter dik zijn. Doe het in een kom en breng op smaak met de rijstwijn, peper en een klein snufje zout. Marineer gedurende 10 minuten.

b) Giet de olie in de wok; de olie moet ongeveer 1 tot 1½ inch diep zijn. Breng de olie op middelhoog vuur tot 375 ° F. Je kunt zien dat de olie de juiste temperatuur heeft als je het uiteinde van een houten lepel in de olie doopt. Als de olie eromheen borrelt en sist, is de olie klaar.

c) Werk in 2 batches en bestrijk de karbonades met het maizena. Laat ze een voor een voorzichtig in de olie zakken en bak ze 5 tot 6 minuten, tot ze goudbruin zijn. Breng het over naar een met keukenpapier beklede plaat.

d) Giet op 1 eetlepel na alle olie uit de wok en zet deze op middelhoog vuur. Breng de olie op smaak door de gember en een snufje zout toe te voegen. Laat de gember ongeveer 30 seconden in de olie sissen, terwijl je hem zachtjes ronddraait.

e) Roerbak de ui ongeveer 4 minuten, tot hij glazig en zacht is. Voeg de knoflook toe en roerbak nog eens 30 seconden, of tot het geurig is. Breng het over naar het bord met de karbonades.

f) Giet de lichte soja, donkere soja, rode wijnazijn en een snufje suiker in de wok en roer om te combineren.

g) Breng aan de kook en doe de ui en karbonades terug in de wok. Meng het mengsel terwijl de saus iets begint in te dikken.

h) Verwijder de gember en gooi deze weg. Doe over in een schaal en serveer onmiddellijk.

21. Vijfkruidenvarkensvlees met paksoi

INGREDIËNTEN:
- 1 eetlepel lichte sojasaus
- 1 eetlepel Shaoxing-rijstwijn
- 1 theelepel Chinees vijfkruidenpoeder
- 1 theelepel maizena
- ½ theelepel lichtbruine suiker
- ¾ pond gemalen varkensvlees
- 2 eetlepels plantaardige olie
- 2 teentjes knoflook, gepeld en lichtjes ingeslagen
- Kosjer zout
- 2 tot 3 koppen paksoi, kruislings in hapklare stukjes gesneden
- 1 wortel, geschild en in julienne gesneden
- Gekookte rijst, om te serveren

INSTRUCTIES:
a) Roer in een mengkom de lichte soja, rijstwijn, vijfkruidenpoeder, maizena en bruine suiker door elkaar. Voeg het varkensvlees toe en meng voorzichtig om te combineren. Zet opzij om 10 minuten te marineren.

b) Verhit een wok op middelhoog vuur tot een druppel water sist en bij contact verdampt. Giet de olie erbij en draai rond zodat de bodem van de wok bedekt is. Breng de olie op smaak door de knoflook en een snufje zout toe te voegen. Laat de knoflook ongeveer 10 seconden in de olie sissen en zachtjes ronddraaien.

c) Voeg het varkensvlees toe aan de wok en laat het 1 tot 2 minuten tegen de wanden van de wok dichtschroeien, of totdat er een gouden korst ontstaat. Draai om en schroei nog een minuut aan de andere kant. Roerbak het varkensvlees nog 1 tot 2 minuten en roer het om. Verdeel het in stukjes en klontjes totdat het niet meer roze is.

d) Voeg de paksoi en de wortel toe en roer en roer om te combineren met het varkensvlees. Blijf 2 tot 3 minuten roerbakken, tot de wortel en paksoi gaar zijn. Doe het op een schaal en serveer warm met gestoomde rijst.

22. Hoisin-varkensvlees roerbak

INGREDIËNTEN:
- 2 theelepels Shaoxing rijstwijn
- 2 theelepels lichte sojasaus
- ½ theelepel chilipasta
- ¾ pond varkenslende zonder bot, in dunne plakjes gesneden in julienne-reepjes
- 2 eetlepels plantaardige olie
- 4 geschilde plakjes verse gember, elk ongeveer zo groot als een kwart
- Kosjer zout
- 4 ons peultjes, in dunne plakjes gesneden op de diagonaal
- 2 eetlepels hoisinsaus
- 1 eetlepel water

INSTRUCTIES:
a) Roer in een kom de rijstwijn, lichte soja en chilipasta door elkaar. Voeg het varkensvlees toe en roer het door de vacht. Zet opzij om 10 minuten te marineren.
b) Verhit een wok op middelhoog vuur tot een druppel water sist en bij contact verdampt. Giet de olie erbij en draai rond zodat de bodem van de wok bedekt is. Breng de olie op smaak door de gember en een snufje zout toe te voegen. Laat de gember ongeveer 30 seconden in de olie sissen, terwijl je hem zachtjes ronddraait.
c) Voeg het varkensvlees en de marinade toe en roerbak 2 tot 3 minuten, tot het niet meer roze is. Voeg de peultjes toe en roerbak ongeveer 1 minuut, tot ze zacht en doorschijnend zijn. Roer de hoisinsaus en het water erdoor om de saus los te maken. Blijf roeren en draaien gedurende 30 seconden, of totdat de saus is opgewarmd en het varkensvlees en de peultjes bedekt zijn.
d) Breng over naar een schaal en serveer warm.

23.Tweemaal gekookt buikspek

INGREDIËNTEN:
- 1 pond buikspek zonder botten
- ⅓ kopje zwarte bonensaus of in de winkel gekochte zwarte bonensaus
- 1 eetlepel Shaoxing-rijstwijn
- 1 theelepel donkere sojasaus
- ½ theelepel suiker
- 2 eetlepels plantaardige olie, verdeeld
- 4 geschilde plakjes verse gember, elk ongeveer zo groot als een kwart
- Kosjer zout
- 1 prei, in de lengte gehalveerd en diagonaal in plakjes van ½ inch gesneden
- ½ rode paprika, in plakjes gesneden

INSTRUCTIES:

a) Leg het varkensvlees in een grote pan en bedek het met water. Breng de pan aan de kook en zet vervolgens het vuur laag. Laat het 30 minuten onafgedekt sudderen, of tot het varkensvlees zacht en gaar is. Doe het varkensvlees met een schuimspaan in een kom (gooi het kookvocht weg) en laat afkoelen. Zet enkele uren of een nacht in de koelkast. Zodra het varkensvlees is afgekoeld, snijdt u het in dunne plakjes van ¼ inch dik en zet u het opzij. Als je het varkensvlees volledig laat afkoelen voordat je het gaat snijden, kun je het gemakkelijker in dunne plakjes snijden.

b) Roer in een glazen maatbeker de zwarte bonensaus, rijstwijn, donkere soja en suiker door elkaar en zet opzij.

c) Verhit een wok op middelhoog vuur tot een druppel water sist en bij contact verdampt. Giet er 1 eetlepel olie in en draai rond zodat de bodem van de wok bedekt is. Breng de olie op smaak door de gember en een snufje zout toe te voegen. Laat de gember ongeveer 30 seconden in de olie sissen, terwijl je hem zachtjes ronddraait.

d) Werk in batches en doe de helft van het varkensvlees in de wok. Laat de stukken 2 tot 3 minuten in de wok dichtschroeien. Draai om en schroei nog 1 tot 2 minuten aan de andere kant, totdat het varkensvlees begint te krullen. Doe over in een schone kom. Herhaal met het resterende varkensvlees.

e) Voeg de resterende 1 eetlepel olie toe. Voeg de prei en rode paprika toe en roerbak 1 minuut, tot de prei zacht is. Roer de saus erdoor en roerbak tot het gaat geuren.

f) Doe het varkensvlees terug in de pan en roerbak nog 2 tot 3 minuten, totdat alles net gaar is.

g) Gooi de plakjes gember weg en doe ze op een serveerschaal.

24.Mu Shu-varkensvlees met koekenpanpannenkoekjes

INGREDIËNTEN:
VOOR DE PANNENKOEKEN
- 1¾ kopjes bloem voor alle doeleinden
- ¾ kopje kokend water
- Kosjer zout
- 3 eetlepels sesamolie

VOOR HET MU SHU VARKENSVLEES
- 2 eetlepels lichte sojasaus
- 1 theelepel maizena
- 1 theelepel Shaoxing-rijstwijn
- Gemalen witte peper
- ¾ pond varkenslende zonder bot, tegen de draad in gesneden in ¼ inch brede reepjes
- 3 eetlepels plantaardige olie
- 2 theelepels geschilde fijngehakte verse gember
- Kosjer zout
- 1 grote wortel, geschild en in dunne plakjes gesneden tot lengtes van 7,5 cm
- 6 tot 8 verse bosoorpaddestoelen, in dunne plakjes gesneden in julienne reepjes
- ½ kleine kop groene kool, versnipperd
- 2 lente-uitjes, in stukken van ½ inch gesneden
- 1 blikje bamboescheuten gesneden, uitgelekt en in dunne reepjes gesneden
- ¼ kopje pruimensaus, voor serveren

INSTRUCTIES:
OM DE PANNENKOEKEN TE MAKEN
a) Roer in een grote mengkom met een houten lepel de bloem, het kokende water en een snufje zout door elkaar. Combineer het allemaal tot het een ruig deeg wordt. Leg het deeg op een met bloem bestoven snijplank en kneed het ongeveer 4 minuten met de hand, of tot het glad is.

b) Het deeg zal heet zijn, dus draag wegwerphandschoenen om je handen te beschermen. Doe het deeg terug in de kom en dek af met plasticfolie. Laat 30 minuten rusten.

c) Vorm het deeg tot een stuk hout van 30 cm lang door het met je handen uit te rollen.
d) Snijd de boomstam in 12 gelijke stukken en behoud de ronde vorm om medaillons te maken. Maak de medaillons plat met je handpalmen en bestrijk de bovenkant met de sesamolie. Druk de geoliede zijkanten tegen elkaar, zodat er 6 stapels dubbele deegstukken ontstaan.
e) Rol elke stapel uit tot één dun, rond vel met een diameter van 7 tot 8 inch. Het is het beste om de pannenkoek tijdens het rollen om te draaien, zodat beide kanten gelijkmatig dun zijn.
f) Verhit een gietijzeren pan op middelhoog vuur en bak de pannenkoeken één voor één gedurende ongeveer 1 minuut aan de eerste kant, totdat deze licht doorschijnend wordt en begint te blaren. Draai om om de andere kant te koken, nog eens 30 seconden.
g) Leg de pannenkoek op een bord bekleed met een theedoek en trek de twee pannenkoeken voorzichtig uit elkaar. Houd ze afgedekt onder de handdoek zodat ze warm blijven terwijl je doorgaat met de overige pannenkoeken. Zet opzij tot klaar om te serveren.

OM HET MU SHU VARKENSVLEES TE MAKEN

h) Meng in een mengkom de lichte soja, maizena, rijstwijn en een snufje witte peper. Voeg het gesneden varkensvlees toe, roer het door elkaar en laat het 10 minuten marineren.
i) Verhit een wok op middelhoog vuur tot een druppel water sist en bij contact verdampt. Giet de plantaardige olie erbij en draai om de bodem van de wok te bedekken. Breng de olie op smaak door de gember en een snufje zout toe te voegen. Laat de gember ongeveer 10 seconden in de olie sissen en zachtjes ronddraaien.
j) Voeg het varkensvlees toe en roerbak 1 tot 2 minuten, tot het niet meer roze is. Voeg de wortel en de champignons toe en roerbak nog 2 minuten, of tot de wortel gaar is.
k) Voeg de kool, lente-uitjes en bamboescheuten toe en roerbak nog een minuut, of tot ze warm zijn.
l) Doe het in een kom en serveer door de varkensvulling in het midden van een pannenkoek te scheppen en af te werken met pruimensaus.

25.Varkensspareribs met zwarte bonensaus

INGREDIËNTEN:

- 1 pond varkensspareribs, kruislings gesneden in 1½ inch brede reepjes
- ¼ theelepel gemalen witte peper
- 2 eetlepels zwarte bonensaus of zwarte bonensaus uit de winkel
- 1 eetlepel Shaoxing-rijstwijn
- 1 eetlepel plantaardige olie
- 2 theelepels maizena
- Een stuk verse gember van een halve centimeter, geschild en fijngehakt
- 2 teentjes knoflook, fijngehakt
- 1 theelepel sesamolie
- 2 lente-uitjes, in dunne plakjes gesneden

INSTRUCTIES:

a) Snijd tussen de ribben door om ze in hapklare ribben te verdelen. Meng de ribben en de witte peper in een ondiepe, hittebestendige kom. Voeg de zwarte bonensaus, rijstwijn, plantaardige olie, maizena, gember en knoflook toe en meng door elkaar, zorg ervoor dat de ribben allemaal bedekt zijn. Marineer gedurende 10 minuten.

b) Spoel een bamboe stoommandje en deksel af onder koud water en plaats het in de wok. Giet er 5 cm water in, of totdat het ongeveer ¼ tot ½ inch boven de onderrand van de stomer komt, maar niet zo veel dat het de bodem van de mand raakt. Plaats de kom met de ribben in de stoommand en dek af.

c) Zet het vuur hoog om het water te koken en zet het vuur vervolgens laag tot middelhoog. Stoom op middelhoog vuur gedurende 20 tot 22 minuten, of totdat de ribben niet meer roze zijn. Het kan zijn dat je het water moet bijvullen, dus blijf controleren of het niet droogkookt in de wok.

d) Haal de kom voorzichtig uit de stoommand. Besprenkel de ribben met de sesamolie en garneer met de lente-uitjes. Serveer onmiddellijk.

26. Geroerbakt Mongools Lamsvlees

INGREDIËNTEN:

- 2 eetlepels Shaoxing rijstwijn
- 1 eetlepel donkere sojasaus
- 3 teentjes knoflook, fijngehakt
- 2 theelepels maizena
- 1 theelepel sesamolie
- 1 pond lamsbout zonder botten, gesneden in plakjes van ¼ inch dik
- 3 eetlepels plantaardige olie, verdeeld
- 4 geschilde plakjes verse gember, elk ongeveer zo groot als een kwart
- 2 hele gedroogde rode chilipepers (optioneel)
- Kosjer zout
- 4 lente-uitjes, in stukjes van 7,5 cm lang gesneden en vervolgens in de lengte in dunne plakjes gesneden

INSTRUCTIES:

a) Roer in een grote kom de rijstwijn, donkere soja, knoflook, maizena en sesamolie door elkaar. Voeg het lamsvlees toe aan de marinade en roer het door elkaar. Marineer gedurende 10 minuten.

b) Verhit een wok op middelhoog vuur tot een druppel water sist en bij contact verdampt. Giet er 2 eetlepels plantaardige olie in en roer om de bodem van de wok te bedekken. Breng de olie op smaak door de gember, chilipepers (indien gebruikt) en een snufje zout toe te voegen. Laat de aromaten ongeveer 30 seconden in de olie sissen en zachtjes ronddraaien.

c) Haal met een tang de helft van het lamsvlees uit de marinade en schud lichtjes om het overtollige vlees eraf te laten druipen. Reserveer de marinade. Schroei in de wok gedurende 2 tot 3 minuten. Draai om en schroei nog 1 tot 2 minuten aan de andere kant. Roerbak door nog 1 minuut snel in de wok te roeren en rond te draaien. Doe over in een schone kom. Voeg de resterende 1 eetlepel plantaardige olie toe en herhaal met het resterende lamsvlees.

d) Doe al het lamsvlees en de gereserveerde marinade terug in de wok en roer de lente-uitjes erdoor. Roerbak nog 1 minuut, of tot het lamsvlees gaar is en de marinade in een glanzende saus verandert.

e) Doe het op een serveerschaal, gooi de gember weg en serveer warm.

27. Lamsvlees met Gember en Prei

INGREDIËNTEN:

- ¾ pond lamsbout zonder been, in 3 stukken gesneden en vervolgens in dunne plakjes over de korrel gesneden
- Kosjer zout
- 2 eetlepels Shaoxing rijstwijn
- 1 eetlepel donkere sojasaus
- 1 eetlepel lichte sojasaus
- 1 theelepel oestersaus
- 1 theelepel honing
- 1 tot 2 theelepels sesamolie
- ½ theelepel gemalen Sichuan-peperkorrels
- 2 theelepels maizena
- 2 eetlepels plantaardige olie
- 1 eetlepel geschilde en fijngehakte verse gember
- 2 preien, schoongemaakt en in dunne plakjes gesneden
- 4 teentjes knoflook, fijngehakt

INSTRUCTIES:

a) Kruid het lamsvlees in een mengkom lichtjes met 1 tot 2 snufjes zout. Gooi om te coaten en zet 10 minuten opzij. Roer in een kleine kom de rijstwijn, donkere soja, lichte soja, oestersaus, honing, sesamolie, szechuanpeper en maizena door elkaar. Opzij zetten.

b) Verhit een wok op middelhoog vuur tot een druppel water sist en bij contact verdampt. Giet de plantaardige olie erbij en draai om de bodem van de wok te bedekken. Breng de olie op smaak door de gember en een snufje zout toe te voegen. Laat de gember ongeveer 10 seconden in de olie sissen en zachtjes ronddraaien.

c) Voeg het lamsvlees toe en schroei gedurende 1 tot 2 minuten, begin dan met roerbakken, roerbak en roerbak nog 2 minuten, of tot het niet meer roze is. Doe over in een schone kom en zet opzij.

d) Voeg de prei en knoflook toe en roerbak 1 tot 2 minuten, of tot de prei heldergroen en zacht is. Breng over naar de lamskom.

e) Giet het sausmengsel erbij en laat 3 tot 4 minuten sudderen, tot de saus tot de helft is ingedikt en glanzend wordt. Doe het lamsvlees en de groenten terug in de wok en meng het met de saus.

f) Breng over naar een schaal en serveer warm.

28. Thais basilicumrundvlees

INGREDIËNTEN:
- 2 eetlepels olie
- 12 oz. rundvlees, in dunne plakjes gesneden tegen de draad in en gemengd met 1 theelepel olie en 2 theelepels maïszetmeel
- 5 teentjes knoflook, gehakt
- ½ rode paprika, in dunne plakjes gesneden
- 1 kleine ui, in dunne plakjes gesneden
- 2 theelepels sojasaus
- 1 theelepel donkere sojasaus
- 1 theelepel oestersaus
- 1 eetlepel vissaus
- ½ theelepel suiker
- 1 kopje Thaise basilicumblaadjes, verpakt
- Koriander, om te garneren

INSTRUCTIES:
a) Verhit je wok op hoog vuur en voeg de olie toe. Braad het rundvlees totdat het net bruin is. Haal uit de wok en zet opzij.
b) Voeg de knoflook en rode peper toe aan de wok en roerbak ongeveer 20 seconden.
c) Voeg de uien toe en roerbak tot ze bruin en licht gekarameliseerd zijn.
d) Gooi het vlees er weer in, samen met de sojasaus, donkere sojasaus, oestersaus, vissaus en suiker.
e) Roerbak nog een paar seconden en spatel dan de Thaise basilicum erdoor tot deze net geslonken is.
f) Serveer met jasmijnrijst en garneer met koriander.

29.Chinees BBQ-varkensvlees

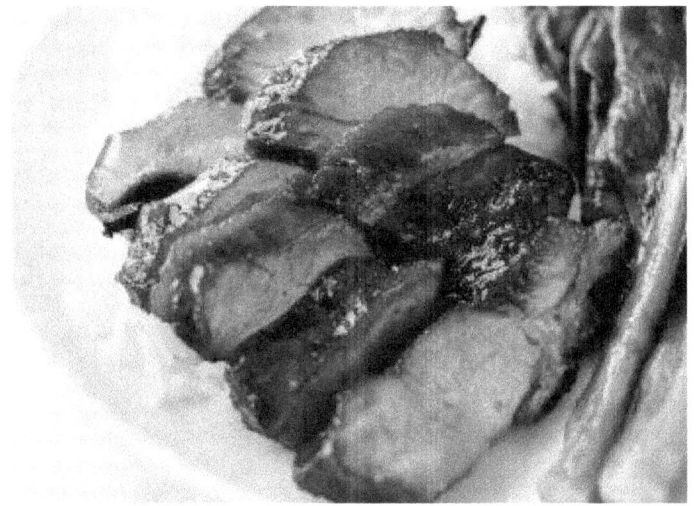

INGREDIËNTEN:

- 3 pond (1,4 kg) varkensschouder/varkenskont (kies een stuk met wat goed vet erop)
- ¼ kopje (50 g) suiker
- 2 theelepels zout
- ½ theelepel vijfkruidenpoeder
- ¼ theelepel witte peper
- ½ theelepel sesamolie
- 1 eetlepel Shaoxing-wijn of
- Chinese pruimenwijn
- 1 eetlepel sojasaus
- 1 eetlepel hoisinsaus
- 2 theelepels melasse
- 3 teentjes fijngehakte knoflook
- 2 eetlepels maltose of honing
- 1 eetlepel heet water

INSTRUCTIES:

a) Snijd het varkensvlees in lange reepjes of stukken van ongeveer 7,5 cm dik. Snijd overtollig vet niet weg, want dit zal afgeven en smaak toevoegen.

b) Meng de suiker, het zout, vijfkruidenpoeder, witte peper, sesamolie, wijn, sojasaus, hoisinsaus, melasse, kleurstof (indien gebruikt) en knoflook in een kom om de marinade te maken.

c) Bewaar ongeveer 2 eetlepels marinade en zet deze opzij. Wrijf het varkensvlees in met de rest van de marinade in een grote kom of ovenschaal. Dek af en zet een nacht in de koelkast, of minimaal 8 uur. Dek de gereserveerde marinade af en bewaar deze ook in de koelkast.

d) Verwarm uw oven voor op de hoogste stand (250-290 graden C) met een rek in het bovenste derde deel van de oven. Bekleed een bakvorm met folie en plaats er een metalen rek bovenop. Leg het varkensvlees op het rooster en laat zoveel mogelijk ruimte tussen de stukken. Giet 1 ½ kopje water in de pan onder het rek. Dit voorkomt dat eventuele druppels verbranden of roken.

e) Plaats het varkensvlees in de voorverwarmde oven en rooster het gedurende 25 minuten. Draai het varkensvlees na 25 minuten om. Als de bodem van de pan droog is, voeg dan nog een kopje water toe. Draai de pan 180 graden om een gelijkmatig braden te garanderen. Rooster nog eens 15 minuten.
f) Meng ondertussen de bewaarde marinade met de maltose of honing en 1 eetlepel heet water. Dit is de saus die je gaat gebruiken voor het bedruipen van het varkensvlees.
g) Na een totale braadtijd van 40 minuten bedruipt u het varkensvlees, draait u het om en bedruipt u ook de andere kant. Rooster nog een laatste 10 minuten.
h) Na een totale braadtijd van 50 minuten moet het varkensvlees gaar zijn en bovenop gekarameliseerd. Als het niet naar wens gekarameliseerd is, kun je de grill een paar minuten aanzetten om de buitenkant knapperig te maken en wat kleur/smaak toe te voegen.
i) Haal het uit de oven en bedruip met het laatste beetje gereserveerde barbecuesaus. Laat het vlees 10 minuten rusten voordat je het aansnijdt, en geniet ervan!

30. Gestoomde BBQ-varkensbroodjes

INGREDIËNTEN:
VOOR HET GESTOOMDE BROODJESDEEG:
- 1 theelepel actieve droge gist
- ¾ kopje warm water
- 2 kopjes All-purpose Flour
- 1 kopje maizena
- 5 eetlepels suiker
- ¼ kopje canola- of plantaardige olie
- 2½ theelepel bakpoeder

VOOR DE VULLING:
- 1 eetlepel olie
- ⅓ kopje fijngehakte sjalotjes of rode ui
- 1 eetlepel suiker
- 1 eetlepel lichte sojasaus
- 1½ eetlepel oestersaus
- 2 theelepels sesamolie
- 2 theelepels donkere sojasaus
- ½ kopje kippenbouillon
- 2 eetlepels bloem voor alle doeleinden
- 1½ kopjes in blokjes gesneden Chinees gebraden varkensvlees

INSTRUCTIES:
a) In de kom van een elektrische mixer voorzien van een deeghaak (je kunt ook een gewone mengkom gebruiken en met de hand kneden), los 1 theelepel actieve droge gist op in 3/4 kopje warm water. Zeef de bloem en het maïszetmeel en voeg dit samen met de suiker en de olie toe aan het gistmengsel.

b) Zet de mixer op de laagste stand en laat hem draaien tot er een gladde deegbal ontstaat. Dek af met een vochtige doek en laat 2 uur rusten. (Je voegt het bakpoeder later toe!)

c) Terwijl het deeg rust, maak je de vleesvulling. Verhit 1 eetlepel olie in een wok op middelhoog vuur. Voeg de sjalotjes/uien toe en roerbak 1 minuut. Zet het vuur middelhoog en voeg de suiker, lichte sojasaus, oestersaus, sesamolie en donkere sojasaus toe. Roer en kook tot het mengsel begint te borrelen. Voeg de kippenbouillon en de bloem toe en kook gedurende 3 minuten tot het dik is. Haal van het vuur en roer het gebraden varkensvlees erdoor. Zet opzij om af te koelen. Als u de vulling van tevoren maakt, dek hem dan af en zet hem in de koelkast om te voorkomen dat hij uitdroogt.

d) Nadat je deeg 2 uur heeft laten rusten, voeg je het bakpoeder toe aan het deeg en zet je de mixer op de laagste stand. Als het deeg er droog uitziet of als je problemen ondervindt bij het verwerken van het bakpoeder, voeg dan 1-2 theelepels water toe. Kneed het deeg voorzichtig totdat het weer glad wordt. Dek af met een vochtige doek en laat nog eens 15 minuten rusten. Pak intussen een groot stuk perkamentpapier en snijd het in tien vierkanten van 10 x 10 cm. Bereid uw stomer voor door het water aan de kook te brengen.

e) Nu zijn we klaar om de broodjes in elkaar te zetten: rol het deeg in een lange buis en verdeel het in 10 gelijke stukken. Druk elk stuk deeg uit tot een schijf met een diameter van ongeveer 10,5 cm (het moet dikker zijn in het midden en dunner aan de randen). Voeg wat vulling toe en plooi de broodjes tot ze aan de bovenkant gesloten zijn.

f) Leg elk broodje op een vierkant bakpapier en stoom. Ik heb de broodjes in twee aparte batches gestoomd met behulp van een gestoomde bamboe.

g) Zodra het water kookt, plaats je de broodjes in de stomer en stoom je elke batch gedurende 12 minuten op hoog vuur.

31. Kantonese geroosterde buikspek

INGREDIËNTEN:
- 3 pond plak buikspek, met vel erop
- 2 theelepels Shaoxing-wijn
- 2 theelepels zout
- 1 theelepel suiker
- ½ theelepel vijfkruidenpoeder
- ¼ theelepel witte peper
- 1½ theelepel rijstwijnazijn
- ½ kopje grof zeezout

INSTRUCTIES:
a) Spoel het buikspek af en dep het droog. Leg het met de huid naar beneden op een schaal en wrijf de shaoxingwijn in het vlees (niet in de schil). Meng het zout, de suiker,
b) vijfkruidenpoeder en witte peper. Wrijf dit kruidenmengsel ook goed door het vlees. Draai het vlees om, zodat het met het vel naar boven ligt.
c) Om de volgende stap te doen, is er eigenlijk een speciaal stuk gereedschap dat restaurants gebruiken, maar we gebruikten gewoon een scherpe metalen spies. Prik systematisch gaten over de hele huid, waardoor de huid knapperiger wordt, in plaats van glad en leerachtig te blijven. Hoe meer gaten er zijn, hoe beter. Zorg er ook voor dat ze diep genoeg gaan. Stop net boven de vetlaag eronder.
d) Laat het buikspek 12-24 uur onafgedekt in de koelkast drogen.
e) Verwarm de oven voor op 375 graden F. Plaats een groot stuk aluminiumfolie (zware folie werkt het beste) op een bakplaat en vouw de zijkanten rond het varkensvlees goed omhoog, zodat je er een soort doos omheen creëert, met een rand van 2,5 cm hoog die langs de zijkanten loopt.
f) Strijk de rijstwijnazijn over de varkenshuid. Verdeel het zeezout in één gelijkmatige laag over de huid, zodat het varkensvlees volledig bedekt is. Zet in de oven en rooster gedurende 1 uur en 30 minuten. Als er nog steeds een rib aan uw buikspek zit, braad dan gedurende 1 uur en 45 minuten.

g) Haal het varkensvlees uit de oven, zet de grill op de laagste stand en plaats het ovenrek in de laagste stand. Verwijder de bovenste laag zeezout van het buikspek, vouw de folie open en plaats een braadrek op de pan.
h) Leg het buikspek op het rooster en plaats het terug onder de grill om het op te laten knappen. Dit zou 10-15 minuten moeten duren. De vleeskuikens moeten idealiter op "laag" staan, zodat dit proces geleidelijk kan gebeuren. Als uw grill behoorlijk heet wordt, houd hem dan goed in de gaten en zorg ervoor dat u het varkensvlees zo ver mogelijk uit de buurt van de warmtebron houdt.
i) Als het vel opgezwollen en krokant is geworden, haal je het uit de oven. Laat het ongeveer 15 minuten rusten. Snijd en serveer!

WIT VLEES

32. Romige Knoflook Kippensoep

INGREDIËNTEN:
- 4 eetlepels boter
- 8 ons roomkaas, in blokjes
- 2 blikjes (elk 14,5 ounce) kippenbouillon
- Zout en peper naar smaak
- 4 kopjes gekookte, geraspte kip
- 4 eetlepels knoflookgustokruiden of 1 theelepel knoflookpoeder
- ½ kopje zware room

INSTRUCTIES:
a) Zet een soeppan op middelhoog vuur en smelt er wat boter in.
b) Zodra de boter smelt, roer je de kip erdoor en kook je een paar minuten.
c) Roer de roomkaas en kruiden erdoor. Goed mengen.
d) Giet bouillon en room en roer.
e) Zodra het kookt, zet je het vuur lager en laat je het ongeveer 5 tot 6 minuten koken. Schep in soepkommen en serveer.

33. Kippenvleugels

INGREDIËNTEN:
- 2 pond kippenvleugels
- ¼ kopje vers geraspte Parmezaanse kaas
- ¼ theelepel peper
- ½ theelepel zout
- ½ eetlepel gehakte verse peterselie of ½ theelepel gedroogde peterselie
- 2 -3 eetlepels grasgevoerde boter

INSTRUCTIES:
a) Bereid een bakplaat voor door deze te bekleden met bakpapier. Verwarm de oven voor op 350 ° F.
b) Voeg boter toe in een magnetronbestendige ondiepe kom. Kook op de hoogste stand gedurende 15 - 20 seconden of tot de boter net smelt.
c) Doe zout, peper, peterselie en Parmezaanse kaas in een kom en roer goed.
d) Doop de kippenvleugels een voor een in de boter. Haal de vleugels door het parmezaanse kaasmengsel en leg ze op de bakplaat.
e) Bak de vleugels ongeveer 40 - 60 minuten of tot ze gaar zijn. Laat 5 minuten afkoelen en serveer.

34. Eenvoudige gebakken kippenborsten

INGREDIËNTEN:
- 8 helften kipfilet
- ½ theelepel peper of naar smaak
- 4 theelepels geraspte Parmezaanse kaas (optioneel)
- ½ theelepel koosjer zout of naar smaak
- ½ eetlepel olijfolie

INSTRUCTIES:

a) Bereiding van de kip: Leg een vel plasticfolie op je aanrecht en voeg de kip toe. Dek af met nog een stuk plasticfolie en sla met een vleeshamer tot de kip gelijkmatig plat is.

b) Breng de kip op smaak met zout en peper. Laat het 15-20 minuten rusten.

c) Plaats een gietijzeren koekenpan op hoog vuur en plaats de kip in de koekenpan. Laat het 2-3 minuten onafgedekt koken tot het goudbruin is en het vet vrijkomt. Draai de zijkanten om en bak nog 2-3 minuten. Haal de pan van het vuur.

d) Strooi eventueel Parmezaanse kaas erover. Zet de oven op grillstand en verwarm hem voor.

e) Zet de koekenpan in de oven en rooster tot de kaas gesmolten is. Heet opdienen.

35. Krokante Kippendijen

INGREDIËNTEN:
- 6 kippendijen, met vel
- 1 eetlepel zout
- 2 eetlepels avocado-olie of olijfolie
- Versgemalen peper naar smaak
- Kosjer zout naar smaak
- Knoflookpoeder naar smaak
- Paprika naar smaak

INSTRUCTIES:
a) Bereid een bakplaat voor door deze te bekleden met bakpapier. Zorg ervoor dat uw oven is voorverwarmd tot 450 ° F.
b) Breng de kippendijen op smaak met zout, peper en favoriete kruiden. Plaats het op de bakplaat, in een enkele laag, zonder overlapping.
c) Druppel olie over de kip.
d) Rooster de kip ongeveer 40 minuten of tot het vel knapperig is.

36. Kipnuggets van vleeseters

INGREDIËNTEN:
KIP
- 1 ½ pond gemalen kip
- ¼ theelepel roze zout of meer naar smaak
- 1 klein ei
- ¼ theelepel gedroogde oregano
- 1 theelepel paprikapoeder
- ¼ theelepel peper
- ¼ theelepel knoflookpoeder
- ¼ theelepel rode pepervlokken

BREKEN
- ½ kopje geraspte Parmezaanse kaas
- ½ kopje gemalen varkenszwoerd

INSTRUCTIES:
a) Bereid een bakplaat voor door deze te bekleden met een vel bakpapier.
b) Zorg ervoor dat uw oven is voorverwarmd tot 400 ° F.
c) Doe de kaas en het varkensvlees in een kom en meng goed.
d) Klop het ei los in een kom en meng de kip, het zout en alle kruiden erdoor.
e) Verdeel het mengsel in 30 gelijke porties en vorm het tot nuggets.
f) Haal de nuggets door het korstmengsel en leg ze op de bakplaat.
g) Bak de nuggets ongeveer 20 tot 25 minuten in de oven, of tot ze knapperig en goudbruin zijn.

37.Gerookte Bacon Gehaktballetjes

INGREDIËNTEN:
- 1 kipfilet of ½ pond gemalen kip
- 1 klein ei
- ½ eetlepel uienpoeder
- 2 eetlepels olijfolie of avocado-olie
- 4 plakjes spek, gekookt, verkruimeld
- 1 teentje knoflook, gepeld
- 1 druppel vloeibare rook
- Zout naar smaak

INSTRUCTIES:
a) Voeg kip, ei, uienpoeder, spek en knoflook toe in de kom van de keukenmachine en verwerk alles goed.
b) Verdeel het mengsel in kleine porties en maak er gehaktballetjes van. Leg ze op een bord.
c) Zet een pan op middelhoog vuur. Voeg olie toe en laat het verwarmen. Voeg een paar gehaktballetjes toe en bak tot ze rondom bruin zijn, waarbij je de gehaktballetjes af en toe omdraait.
d) Verwijder en plaats op een papieren handdoek.
e) Kook de overige gehaktballetjes in batches. Strooi zout erover en serveer warm.

38.Gebakken Kip Bacon

INGREDIËNTEN:
- 2 kipfilets, in blokjes gesneden
- 2 eetlepels knoflookpoeder
- Zout naar smaak
- 2 plakjes spek, in blokjes gesneden
- 1 eetlepel Italiaanse kruiden
- ½ eetlepel avocado-olie

INSTRUCTIES:
a) Zet een grote pan op middelhoog vuur. Voeg spek en kip toe en kook goed.
b) Voeg knoflookpoeder, zout en Italiaanse kruiden toe en serveer.

39. Pepperoni-gehaktballetjes

INGREDIËNTEN:
- 2 pond gemalen kip
- 1 theelepel zout of naar smaak
- 2 eieren, losgeklopt
- 1 theelepel peper of naar smaak
- ½ pond plakjes pepperoni, fijngehakt
- Hete saus naar smaak (optioneel)

INSTRUCTIES:
a) Combineer kip, zout, eieren, peper en pepperoni in een kom.
b) Bereid een bakplaat voor door deze te bekleden met bakpapier en verwarm de oven voor op 350 ° F.
c) Maak 16 balletjes van het mengsel en leg ze op de bakplaat.
d) Bak de gehaktballetjes ongeveer 20-30 minuten of tot ze bruin en gaar zijn. Schep de balletjes tijdens het bakken twee keer om, zodat ze goed gaar worden. Of je kunt de balletjes zelfs in een koekenpan koken.

40.Parmezaanse kippendijen met korst

INGREDIËNTEN:
- 4 kippendijen
- ½ kopje vers geraspte Parmezaanse kaas
- ¼ theelepel gedroogde tijm
- ¼ theelepel zout of naar smaak
- ½ theelepel knoflookpoeder
- 2 eetlepels boter, gesmolten
- ½ eetlepel gehakte peterselie
- ½ theelepel paprikapoeder
- ¼ theelepel peper

INSTRUCTIES:
a) Bereid een ovenschaal voor door deze in te vetten met boter – verwarm de oven voor op 400 ° F.
b) Giet gesmolten boter in een ondiepe kom.
c) Doe zout, specerijen, kruiden en Parmezaanse kaas in een kom. Goed mengen.
d) Dompel eerst een kippendij in de kom met boter. Haal de kippendijen eruit en laat de overtollige boter druppelen. Haal het vervolgens door het parmezaanse mengsel en plaats het in de ovenschaal.
e) Herhaal de vorige stap en bestrijk de resterende kippendijen ermee.
f) Bak ongeveer 35 - 50 minuten, afhankelijk van de grootte van de dijen. Heet opdienen.

41. Knoflookboter Kip

INGREDIËNTEN:
- 4 middelgrote kipfilets, horizontaal in 2 helften gesneden
- 2 theelepels Italiaanse kruiden
- Gemalen chilipepervlokken naar smaak
- 8 teentjes knoflook, gepeld, fijngehakt
- 2 eetlepels olijfolie
- Zout naar smaak
- 4 eetlepels boter
- Peper naar smaak
- ¼ kopje gehakte koriander- of peterselieblaadjes

INSTRUCTIES:
a) Combineer Italiaanse kruiden, gemalen rode peper, zout en peper in een kom.
b) Strooi dit mengsel over de stukken kip.
c) Zet een grote pan op middelhoog vuur. Voeg olie toe en wacht een paar minuten totdat de olie is opgewarmd.
d) Leg de stukken kip in de pan en kook 3 - 4 minuten, de onderkant moet goudbruin zijn. Draai de stukken kip om en kook 3 - 4 minuten.
e) Haal de kip uit de pan en leg deze op een bord.
f) Verlaag het vuur tot middelhoog vuur. Voeg boter, knoflook, peterselie en nog meer gemalen rode pepervlokken toe en meng goed.
g) Voeg de kip na ongeveer 20 – 30 seconden toe. Schep de botersaus over de kip en bak een paar minuten, tot de knoflook licht goudbruin kleurt. Heet opdienen.

42. In Knoflook Bacon Verpakte Kiphapjes

INGREDIËNTEN:
- ½ grote kipfilet, in hapklare stukjes gesneden
- 1 ½ eetlepel knoflookpoeder
- 4 – 5 plakjes spek, in drieën gesneden

INSTRUCTIES:
a) Bereid een bakplaat voor door deze te bekleden met folie.
b) Zorg ervoor dat uw oven is voorverwarmd tot 400 ° F.
c) Verdeel knoflookpoeder op een bord.
d) Haal de stukken kip één voor één door het knoflookpoeder en wikkel ze in een stuk spek.
e) Plaats het op de bakplaat. Laat een opening tussen de beten.
f) Plaats de bakplaat in de oven en bak tot het spek knapperig is, ongeveer 25 - 30 minuten. Draai de hapjes halverwege het bakken om.

43.Kip spiesjes(kebab)

INGREDIËNTEN:

- ½ eetlepel gehakte knoflook
- ¼ theelepel versgemalen peper
- ½ eetlepel extra vergine olijfolie
- ¾ pond kipfilet zonder bot, zonder vel, in stukken van 1 inch gesneden
- Sap van ½ limoen
- ¼ theelepel fijn Himalayazout
- 1 theelepel gehakte verse oregano of ½ theelepel gedroogde oregano

INSTRUCTIES:

a) Om de marinade te maken: Voeg knoflook, oregano, zout, peper, limoensap en olie toe in een kom en meng goed.
b) Neem een glazen bakje met deksel en doe de kip erin. Giet de marinade over de kip en meng goed.
c) Bedek het deksel van de kom en zet 2 - 8 uur in de koelkast.
d) Haal nu de kom uit de koelkast en prik de kip op spiesjes. Laat geen grote opening tussen de stukken kip. Blijf dicht bij elkaar.
e) Zet uw grill op en verwarm hem voor op middelhoog vuur, ongeveer 330° F. Stel hem in voor direct koken.
f) Vet de grillroosters indien gewenst in. Leg de spiesjes op de grill en grill tot ze gaar zijn.
g) Serveer meteen.

44. Wafels van vleeseters

INGREDIËNTEN:
- 4 ons gemalen kip of gemalen kalkoen
- 5 eieren
- 2 eetlepels droge Parmezaanse kaas
- 4 ons rundergehakt

INSTRUCTIES:

a) Doe het rundvlees en de kip in een pan en voeg ongeveer 1 - 1-½ kopje water toe.

b) Zet de pan op middelhoog vuur en breng aan de kook. Zet het vuur iets lager en kook 5-7 minuten. Breng het vlees over in een vergiet. Laat het 10 minuten afkoelen.

c) Doe het licht afgekoelde vlees in de kom van de keukenmachine. Voeg ook eieren en Parmezaanse kaas toe. Verwerk tot het echt glad is.

d) Wafelijzer voorverwarmen. Vet in en verdeel ¼ van het mengsel op een strijkijzer. Kook de wafel zoals je zou doen gedurende 5-7 minuten of tot hij gaar is.

e) Verwijder de wafel en plaats deze op een bord. Laat een paar minuten afkoelen en serveer. Herhaal de stappen en maak de overige wafels.

45. Frieten van de vleeseter

INGREDIËNTEN:
- 8 ons gekookt gevogelte
- 2 eieren
- Varkensvleesschillen van 0,7 ons
- ½ theelepel zout

INSTRUCTIES:
a) Maak een ovenschaal klaar door deze te bekleden met bakpapier. Gebruik een grote ovenschaal of 2 kleinere.
b) Voeg vlees, eieren, zout en varkenszwoerd toe aan de kom van de keukenmachine. Verwerk tot alles goed gecombineerd en heel lichtjes dik is.
c) Schep het mengsel in een plastic zak. Knip een hoek af met een schaar.
d) Knijp het mengsel uit en spuit het op de voorbereide ovenschaal, in de gewenste maat. Laat voldoende ruimte tussen de frietjes. Maak nu elk van de frietjes iets plat tot de gewenste dikte. Bak de frietjes ongeveer 20 minuten.
e) Zet de oven op de braadmodus. Rooster een paar minuten of krokant bovenop.
f) Verdeel over 2 borden en serveer.

46. Gegrilde kippendrumsticks met knoflookmarinade

INGREDIËNTEN:
- 4 kipdrumsticks
- 5 – 6 teentjes knoflook, gepeld
- ½ eetlepel zeezout
- ¾ kopje olijfolie
- Sap van ½ citroen
- ¼ theelepel peper

INSTRUCTIES:
a) Meng olie, citroensap, knoflook en kruiden in een blender.
b) Bestrijk de kip met dit mengsel en wrijf goed in.
c) Voeg de kip toe en roer goed. Zet 2 - 8 uur in de koelkast.
d) Grill de kip op een voorverwarmde grill gedurende 6 - 8 minuten aan elke kant.

47. Kung Pao-kip

INGREDIËNTEN:

- 3 theelepels lichte sojasaus
- 2½ theelepel maizena
- 2 theelepels Chinese zwarte azijn
- 1 theelepel Shaoxing-rijstwijn
- 1 theelepel sesamolie
- ¾ pond zonder bot, zonder vel, kippendijen, in 1 inch gesneden
- 2 eetlepels plantaardige olie
- 6 tot 8 hele gedroogde rode pepers
- 3 bosuitjes, witte en groene delen gescheiden, in dunne plakjes gesneden
- 2 teentjes knoflook, fijngehakt
- 1 theelepel geschilde gehakte verse gember
- ¼ kopje ongezouten droge geroosterde pinda's

INSTRUCTIES:

a) Roer in een middelgrote kom de lichte soja, maizena, zwarte azijn, rijstwijn en sesamolie door elkaar tot het maizena is opgelost. Voeg de kip toe en roer voorzichtig om te coaten. Marineer gedurende 10 tot 15 minuten, of voldoende tijd om de rest van de ingrediënten te bereiden.

b) Verhit een wok op middelhoog vuur tot een druppel water sist en bij contact verdampt. Giet de plantaardige olie erbij en draai om de bodem van de wok te bedekken.

c) Voeg de pepers toe en roerbak ongeveer 10 seconden, of tot ze net zwart beginnen te worden en de olie licht geurig is.

d) Voeg de kip toe, bewaar de marinade en roerbak 3 tot 4 minuten, tot deze niet meer roze is.

e) Voeg de lente-uitjes, knoflook en gember toe en roerbak ongeveer 30 seconden. Giet de marinade erbij en meng zodat de kip bedekt is. Gooi de pinda's erdoor en kook nog 2 tot 3 minuten, tot de saus glanzend wordt.

f) Doe het op een serveerschaal, garneer met de lente-uitjes en serveer warm.

48. Broccoli-kip

INGREDIËNTEN:

- 1 eetlepel Shaoxing-rijstwijn
- 2 theelepels lichte sojasaus
- 1 theelepel gehakte knoflook
- 1 theelepel maizena
- ¼ theelepel suiker
- ¾ pond kippendijen zonder botten, zonder vel, in stukjes van 2 inch gesneden
- 2 eetlepels plantaardige olie
- 4 geschilde plakjes verse gember, ongeveer zo groot als een kwart
- Kosjer zout
- 1 pond broccoli, in hapklare roosjes gesneden
- 2 eetlepels water
- Rode pepervlokken (optioneel)
- ¼ kopje zwarte bonensaus of in de winkel gekochte zwarte bonensaus

INSTRUCTIES:

a) Meng in een kleine kom de rijstwijn, lichte soja, knoflook, maizena en suiker. Voeg de kip toe en marineer gedurende 10 minuten.

b) Verhit een wok op middelhoog vuur tot een druppel water sist en bij contact verdampt. Giet de plantaardige olie erbij en draai om de bodem van de wok te bedekken. Voeg de gember en een snufje zout toe. Laat de gember ongeveer 30 seconden zachtjes ronddraaien.

c) Doe de kip in de wok en gooi de marinade weg. Roerbak de kip 4 tot 5 minuten, tot deze niet meer roze is. Voeg de broccoli, het water en een snufje rode pepervlokken (indien gebruikt) toe en roerbak gedurende 1 minuut. Dek de wok af en stoom de broccoli gedurende 6 tot 8 minuten, tot hij knapperig gaar is.

d) Roer de zwarte bonensaus erdoor tot deze bedekt en verwarmd is, ongeveer 2 minuten, of totdat de saus iets is ingedikt en glanzend is geworden.

e) Gooi de gember weg, doe hem op een schaal en serveer warm.

49.Kip met mandarijnschil

INGREDIËNTEN:

- 3 grote eiwitten
- 2 eetlepels maizena
- 1½ eetlepel lichte sojasaus, verdeeld
- ¼ theelepel gemalen witte peper
- ¾ pond kippendijen zonder botten, zonder vel, in hapklare stukjes gesneden
- 3 kopjes plantaardige olie
- 4 geschilde plakjes verse gember, elk ongeveer zo groot als een kwart
- 1 theelepel Sichuan-peperkorrels, licht gebarsten
- Kosjer zout
- ½ gele ui, in dunne plakjes gesneden in ¼ inch brede reepjes
- Schil van 1 mandarijn, versnipperd in ⅛-inch dikke reepjes
- Sap van 2 mandarijnen (ongeveer ½ kopje)
- 2 theelepels sesamolie
- ½ theelepel rijstazijn
- Licht bruine suiker
- 2 lente-uitjes, in dunne plakjes gesneden, voor garnering
- 1 eetlepel sesamzaadjes, voor garnering

INSTRUCTIES:

a) Klop de eiwitten in een mengkom met een vork of garde schuimig en totdat de strakkere klonten schuimig zijn. Roer het maizena, 2 theelepels lichte soja en witte peper erdoor tot alles goed gemengd is. Vouw de kip erdoor en marineer gedurende 10 minuten.

b) Giet de olie in de wok; de olie moet ongeveer 1 tot 1½ inch diep zijn. Breng de olie op middelhoog vuur tot 375 ° F. Je kunt zien dat de olie de juiste temperatuur heeft als je het uiteinde van een houten lepel in de olie doopt. Als de olie eromheen borrelt en sist, is de olie klaar.

c) Haal de kip met een schuimspaan of een schuimspaan uit de marinade en schud het overtollige water eraf. Laat voorzichtig in de hete olie zakken. Bak de kip in porties gedurende 3 tot 4 minuten, of totdat de kip goudbruin en knapperig is aan de oppervlakte. Breng het over naar een met keukenpapier beklede plaat.

d) Giet op 1 eetlepel na alle olie uit de wok en zet deze op middelhoog vuur. Roer de olie rond zodat de bodem van de wok bedekt is. Breng de olie op smaak door de gember, peperkorrels en een snufje zout toe te voegen. Laat de gember en peperkorrels ongeveer 30 seconden in de olie sissen en zachtjes ronddraaien.

e) Voeg de ui toe en roerbak, roerbak en roer met een wokspatel gedurende 2 tot 3 minuten, of totdat de ui zacht en doorschijnend wordt. Voeg de mandarijnenschil toe en roerbak nog een minuut, of tot het geurig is.

f) Voeg het mandarijnensap, de sesamolie, de azijn en een snufje bruine suiker toe. Breng de saus aan de kook en laat ongeveer 6 minuten koken tot de helft is ingekookt. Het moet stroperig en zeer pittig zijn. Proef en voeg indien nodig een snufje zout toe.

g) Zet het vuur uit en voeg de gebraden kip toe, roer om met de saus. Leg de kip op een schaal, gooi de gember weg en garneer met de gesneden lente-uitjes en sesamzaadjes. Heet opdienen.

50.Cashew Kip

INGREDIËNTEN:
- 1 eetlepel lichte sojasaus
- 2 theelepels Shaoxing rijstwijn
- 2 theelepels maizena
- 1 theelepel sesamolie
- ½ theelepel gemalen Sichuan-peperkorrels
- ¾ pond zonder botten, zonder vel, kippendijen, in blokjes van 1 inch gesneden
- 2 eetlepels plantaardige olie
- ½-inch stuk geschilde fijngehakte verse gember
- Kosjer zout
- ½ rode paprika, in stukjes van ½ inch gesneden
- 1 kleine courgette, in stukken van ½ inch gesneden
- 2 teentjes knoflook, fijngehakt
- ½ kopje ongezouten droge geroosterde cashewnoten
- 2 lente-uitjes, witte en groene delen gescheiden, in dunne plakjes gesneden

INSTRUCTIES:

a) Roer in een middelgrote kom de lichte soja, rijstwijn, maizena, sesamolie en Sichuan-peper door elkaar. Voeg de kip toe en roer voorzichtig om te coaten. Laat het 15 minuten marineren, of voldoende tijd om de rest van de ingrediënten te bereiden.

b) Verhit een wok op middelhoog vuur tot een druppel water sist en bij contact verdampt. Giet de plantaardige olie erbij en draai om de bodem van de wok te bedekken. Breng de olie op smaak door de gember en een snufje zout toe te voegen. Laat de gember ongeveer 30 seconden in de olie sissen, terwijl je hem zachtjes ronddraait.

c) Haal de kip met een tang uit de marinade en doe hem in de wok. Bewaar de marinade. Roerbak de kip 4 tot 5 minuten, tot deze niet meer roze is. Voeg de rode paprika, courgette en knoflook toe en roerbak 2 tot 3 minuten, of tot de groenten gaar zijn.

d) Giet de marinade erbij en meng zodat de andere ingrediënten bedekt zijn. Breng de marinade aan de kook en roerbak nog 1 à 2 minuten, tot de saus dik en glanzend wordt. Roer de cashewnoten erdoor en kook nog een minuut.

e) Doe het op een serveerschaal, garneer met de lente-uitjes en serveer warm.

51. Kip en Groenten met Zwarte Bonensaus

INGREDIËNTEN:
- 1 eetlepel lichte sojasaus
- 1 theelepel sesamolie
- 1 theelepel maizena
- ¾ pond kippendijen zonder botten, zonder vel, in hapklare stukjes gesneden
- 3 eetlepels plantaardige olie, verdeeld
- 1 geschild schijfje verse gember, ongeveer zo groot als een kwart
- Kosjer zout
- 1 kleine gele ui, in hapklare stukjes gesneden
- ½ rode paprika, in hapklare stukjes gesneden
- ½ gele of groene paprika, in hapklare stukjes gesneden
- 3 teentjes knoflook, gehakt
- ⅓ kopje zwarte bonensaus of in de winkel gekochte zwarte bonensaus

INSTRUCTIES:

a) Roer in een grote kom de lichte soja, sesamolie en maizena door elkaar totdat de maizena oplost. Voeg de kip toe en roer door de marinade. Zet de kip opzij om 10 minuten te marineren.

b) Verhit een wok op middelhoog vuur tot een druppel water sist en bij contact verdampt. Giet er 2 eetlepels plantaardige olie in en roer om de bodem van de wok te bedekken. Breng de olie op smaak door de gember en een snufje zout toe te voegen. Laat de gember ongeveer 30 seconden in de olie sissen, terwijl je hem zachtjes ronddraait.

c) Doe de kip in de wok en gooi de marinade weg. Laat de stukken 2 tot 3 minuten in de wok dichtschroeien. Draai om en schroei nog 1 tot 2 minuten aan de andere kant. Roerbak door nog 1 minuut snel in de wok te roeren en rond te draaien. Doe over in een schone kom.

d) Voeg de resterende 1 eetlepel olie toe en roer de ui en paprika erdoor. Roerbak snel gedurende 2 tot 3 minuten, waarbij u de groenten met een wokspatel roert en omdraait totdat de ui er doorschijnend uitziet maar nog steeds stevig van structuur is. Voeg de knoflook toe en roerbak nog eens 30 seconden.

e) Doe de kip terug in de wok en voeg de zwarte bonensaus toe. Gooi en draai totdat de kip en groenten bedekt zijn.

f) Doe het op een schaal, gooi de gember weg en serveer warm.

52. Groene Bonen Kip

INGREDIËNTEN:
- ¾ pond kippendijen zonder botten, zonder vel, over de korrel gesneden in hapklare reepjes
- 3 eetlepels Shaoxing rijstwijn, verdeeld
- 2 theelepels maizena
- Kosjer zout
- Rode pepervlokken
- 3 eetlepels plantaardige olie, verdeeld
- 4 geschilde plakjes verse gember, elk ongeveer zo groot als een kwart
- ¾ pond sperziebonen, bijgesneden en diagonaal kruislings gehalveerd
- 2 eetlepels lichte sojasaus
- 1 eetlepel gekruide rijstazijn
- ¼ kopje geschaafde amandelen, geroosterd
- 2 theelepels sesamolie

INSTRUCTIES:
a) Meng de kip in een mengkom met 1 eetlepel rijstwijn, maizena, een klein snufje zout en een snufje rode pepervlokken. Roer om de kip gelijkmatig te bedekken. Marineer gedurende 10 minuten.
b) Verhit een wok op middelhoog vuur tot een druppel water sist en bij contact verdampt. Giet er 2 eetlepels plantaardige olie in en roer om de bodem van de wok te bedekken. Breng de olie op smaak door de gember en een klein snufje zout toe te voegen. Laat de gember ongeveer 30 seconden in de olie sissen, terwijl je hem zachtjes ronddraait.
c) Voeg de kip en de marinade toe aan de wok en roerbak 3 tot 4 minuten, of tot de kip licht geschroeid is en niet meer roze. Doe over in een schone kom en zet opzij.
d) Voeg de resterende 1 eetlepel plantaardige olie toe en roerbak de sperziebonen gedurende 2 tot 3 minuten, of tot ze heldergroen worden. Doe de kip terug in de wok en roer door elkaar. Voeg de resterende 2 eetlepels rijstwijn, lichte soja en azijn toe. Meng om te combineren en bestrijk en laat de sperziebonen nog 3 minuten sudderen, of tot de sperziebonen gaar zijn. Verwijder de gember en gooi deze weg.
e) Gooi de amandelen erdoor en doe ze op een schaal. Besprenkel met de sesamolie en serveer warm.

53. Kip in Sesamsaus

INGREDIËNTEN:

- 3 grote eiwitten
- 3 eetlepels maizena, verdeeld
- 1½ eetlepel lichte sojasaus, verdeeld
- 1 pond kippendijen zonder botten, zonder vel, in hapklare stukjes gesneden
- 3 kopjes plantaardige olie
- 3 geschilde plakjes verse gember, elk ongeveer zo groot als een kwart
- Kosjer zout
- Rode pepervlokken
- 3 teentjes knoflook, grof gesneden
- ¼ kopje natriumarme kippenbouillon
- 2 eetlepels sesamolie
- 2 lente-uitjes, in dunne plakjes gesneden, voor garnering
- 1 eetlepel sesamzaadjes, voor garnering

INSTRUCTIES:

a) Klop de eiwitten in een mengkom met een vork of garde totdat ze schuimig zijn en de strakkere klonten eiwit schuimig zijn. Roer 2 eetlepels maizena en 2 theelepels lichte soja door elkaar tot alles goed gemengd is. Vouw de kip erdoor en marineer gedurende 10 minuten.

b) Giet de olie in de wok; de olie moet ongeveer 1 tot 1½ inch diep zijn. Breng de olie op middelhoog vuur tot 375 ° F. Je kunt zien dat de olie de juiste temperatuur heeft als je het uiteinde van een houten lepel in de olie doopt. Als de olie eromheen borrelt en sist, is de olie klaar.

c) Haal de kip met een schuimspaan of een schuimspaan uit de marinade en schud het overtollige water eraf. Laat voorzichtig in de hete olie zakken. Bak de kip in porties gedurende 3 tot 4 minuten, of totdat de kip goudbruin en knapperig is aan de oppervlakte. Breng het over naar een met keukenpapier beklede plaat.

d) Giet op 1 eetlepel na alle olie uit de wok en zet deze op middelhoog vuur. Roer de olie rond zodat de bodem van de wok bedekt is. Breng de olie op smaak door de gember en een snufje zout en rode pepervlokken toe te voegen. Laat de gember- en pepervlokken ongeveer 30 seconden in de olie sissen en zachtjes ronddraaien.

e) Voeg de knoflook toe en roerbak, roerbak en roer met een wokspatel gedurende 30 seconden. Roer de kippenbouillon erdoor, de resterende 2½ theelepel lichte soja en de resterende 1 eetlepel maizena. Laat 4 tot 5 minuten sudderen, tot de saus dikker wordt en glanzend wordt. Voeg de sesamolie toe en roer om te combineren.

f) Zet het vuur uit en voeg de gebraden kip toe, roer om met de saus. Verwijder de gember en gooi deze weg. Doe het op een schaal en garneer met de gesneden lente-uitjes en sesamzaadjes.

54.Zoete en zure kip

INGREDIËNTEN:
- 2 theelepels maizena
- 2 eetlepels water
- 3 eetlepels plantaardige olie, verdeeld
- 4 geschilde plakjes verse gember, elk ongeveer zo groot als een kwart
- Kosjer zout
- ¾ pond kippendijen zonder botten, zonder vel, in hapklare stukjes gesneden
- ½ rode paprika, in stukjes van ½ inch gesneden
- ½ groene paprika, in stukken van ½ inch gesneden
- ½ gele ui, in stukjes van ½ inch gesneden
- 1 (8-ounce) blikje ananasstukjes, uitgelekt, sappen gereserveerd
- 1 (4 ounce) blik gesneden waterkastanjes, uitgelekt
- ¼ kopje natriumarme kippenbouillon
- 2 eetlepels lichtbruine suiker
- 2 eetlepels appelazijn
- 2 eetlepels ketchup
- 1 theelepel Worcestershiresaus
- 3 lente-uitjes, in dunne plakjes gesneden, voor garnering

INSTRUCTIES:

a) Roer in een kleine kom de maïzena en het water door elkaar en zet opzij.
b) Verhit een wok op middelhoog vuur tot een druppel water sist en bij contact verdampt. Giet er 2 eetlepels olie in en roer om de bodem van de wok te bedekken. Breng de olie op smaak door de gember en een snufje zout toe te voegen. Laat de gember ongeveer 30 seconden in de olie sissen, terwijl je hem zachtjes ronddraait.
c) Voeg de kip toe en bak 2 tot 3 minuten tegen de wok. Draai de kip om en roerbak hem nog ongeveer 1 minuut, of tot hij niet meer roze is. Doe over in een kom en zet opzij.
d) Voeg de resterende 1 eetlepel olie toe en roer om te coaten. Roerbak de rode en groene paprika en ui gedurende 3 tot 4 minuten, tot ze zacht en doorschijnend zijn. Voeg de ananas en waterkastanjes toe en roerbak nog een minuut. Voeg de groenten toe aan de kip en zet apart.
e) Giet het bewaarde ananassap, kippenbouillon, bruine suiker, azijn, ketchup en Worcestershire-saus in de wok en breng aan de kook. Houd het vuur middelhoog en kook ongeveer 4 minuten, totdat de vloeistof met de helft is ingekookt.
f) Doe de kip en groenten terug in de wok en meng ze met de saus. Roer het maïzena-watermengsel snel door en voeg het toe aan de wok. Gooi en draai alles rond totdat het maïzena de saus begint te verdikken en glanzend wordt.
g) Gooi de gember weg, doe hem op een schaal, garneer met de lente-uitjes en serveer warm.

55. Moo Goo Gai Pan

INGREDIËNTEN:
- 1 eetlepel lichte sojasaus
- 1 eetlepel Shaoxing-rijstwijn
- 2 theelepels sesamolie
- ¾ pond kipfilets zonder bot, zonder vel, in dunne reepjes gesneden
- ½ kopje natriumarme kippenbouillon
- 2 eetlepels oestersaus
- 1 theelepel suiker
- 1 eetlepel maizena
- 3 eetlepels plantaardige olie, verdeeld
- 4 geschilde plakjes verse gember, elk ongeveer zo groot als een kwart
- Kosjer zout
- 4 ons verse champignons, in dunne plakjes gesneden
- 1 (4-ounce) blik gesneden bamboescheuten, uitgelekt
- 1 (4 ounce) blik gesneden waterkastanjes, uitgelekt
- 1 teentje knoflook, fijngehakt

INSTRUCTIES:
a) Klop in een grote kom de lichte soja, rijstwijn en sesamolie tot een gladde massa. Voeg de kip toe en roer om. Marineer gedurende 15 minuten.
b) Klop in een kleine kom kippenbouillon, oestersaus, suiker en maizena tot een gladde massa en zet opzij.
c) Verhit een wok op middelhoog vuur tot een druppel water sist en bij contact verdampt. Giet er 2 eetlepels plantaardige olie in en roer om de bodem van de wok te bedekken. Breng de olie op smaak door de gember en een klein snufje zout toe te voegen. Laat de gember ongeveer 30 seconden in de olie sissen, terwijl je hem zachtjes ronddraait.
d) Voeg de kip toe en gooi de marinade weg. Roerbak 2 tot 3 minuten, tot de kip niet meer roze is. Doe over in een schone kom en zet opzij.
e) Voeg de resterende 1 eetlepel plantaardige olie toe. Roerbak de champignons 3 tot 4 minuten en roer ze snel om. Zodra de champignons droog worden, stop je met roerbakken en laat je de champignons ongeveer een minuut tegen de hete wok staan. Gooi opnieuw en rust dan opnieuw voor nog een minuut.
f) Voeg de bamboescheuten, waterkastanjes en knoflook toe. Roerbak gedurende 1 minuut, of tot de knoflook geurig is. Doe de kip terug in de wok en roer om te combineren.
g) Roer de saus door elkaar en voeg toe aan de wok. Roerbak en kook tot de saus begint te koken, ongeveer 45 seconden. Blijf roeren en draaien totdat de saus dikker wordt en glanzend wordt. Verwijder de gember en gooi deze weg. Breng over naar een schaal en serveer terwijl het warm is.

56.Ei Foo Yong

INGREDIËNTEN:
- 5 grote eieren, op kamertemperatuur
- Kosjer zout
- Gemalen witte peper
- ½ kopje dun gesneden shiitake-paddenstoelen
- ½ kopje bevroren erwten, ontdooid
- 2 lente-uitjes, gehakt
- 2 theelepels sesamolie
- ½ kopje natriumarme kippenbouillon
- 1½ eetlepel oestersaus
- 1 eetlepel Shaoxing-rijstwijn
- ½ theelepel suiker
- 2 eetlepels lichte sojasaus
- 1 eetlepel maizena
- 3 eetlepels plantaardige olie
- Gekookte rijst, om te serveren

INSTRUCTIES:
a) Klop in een grote kom de eieren met een snufje zout en witte peper. Roer de champignons, erwten, lente-uitjes en sesamolie erdoor. Opzij zetten.

b) Maak de saus door de kippenbouillon, oestersaus, rijstwijn en suiker in een kleine pan op middelhoog vuur te laten sudderen. Klop in een kleine glazen maatbeker de lichte soja en maizena tot het maizena volledig is opgelost. Giet het maïzenamengsel onder voortdurend kloppen bij de saus en kook 3 tot 4 minuten, totdat de saus dik genoeg wordt om de achterkant van de lepel te bedekken. Dek af en zet opzij.

c) Verhit een wok op middelhoog vuur tot een druppel water sist en bij contact verdampt. Giet de plantaardige olie erbij en draai om de bodem van de wok te bedekken. Voeg het eimengsel toe en kook, al roerend en schuddend, de wok tot de onderkant goudbruin is. Laat de omelet uit de pan op een bord glijden en draai hem om, of draai hem om met een spatel om de andere kant goudbruin te bakken. Schuif de omelet op een serveerschaal en serveer met gekookte rijst met een lepel saus.

57. Tomaat Ei Roerbak

INGREDIËNTEN:
- 4 grote eieren, op kamertemperatuur
- 1 theelepel Shaoxing-rijstwijn
- ½ theelepel sesamolie
- ½ theelepel koosjer zout
- Vers gemalen zwarte peper
- 3 eetlepels plantaardige olie, verdeeld
- 2 geschilde plakjes verse gember, elk ongeveer zo groot als een kwart
- 1 pond druiven- of kerstomaatjes
- 1 theelepel suiker
- Gekookte rijst of noedels, om te serveren

INSTRUCTIES:
a) Klop de eieren in een grote kom. Voeg de rijstwijn, sesamolie, zout en een snufje peper toe en blijf kloppen tot alles net gemengd is.
b) Verhit een wok op middelhoog vuur tot een druppel water sist en bij contact verdampt. Giet er 2 eetlepels plantaardige olie in en roer om de bodem van de wok te bedekken. Wervel het eimengsel in de hete wok. Wervel en schud de eieren om te koken. Breng de eieren over naar een serveerschaal als ze net gekookt maar niet droog zijn. Tent met folie om warm te blijven.
c) Voeg de resterende 1 eetlepel plantaardige olie toe aan de wok. Breng de olie op smaak door de gember en een snufje zout toe te voegen. Laat de gember ongeveer 30 seconden in de olie sissen, terwijl je hem zachtjes ronddraait.
d) Voeg de tomaten en de suiker toe en roer tot ze bedekt zijn met de olie. Dek af en kook ongeveer 5 minuten, af en toe roerend, tot de tomaten zacht zijn en hun sappen hebben vrijgegeven. Gooi de plakjes gember weg en breng de tomaten op smaak met zout en peper.
e) Schep de tomaten over de eieren en serveer met gekookte rijst of noedels.

58.Garnalen en roerei

INGREDIËNTEN:

- 2 eetlepels koosjer zout, plus meer voor kruiden
- 2 eetlepels suiker
- 2 kopjes koud water
- 150 gram middelgrote garnalen (U41-50), gepeld en ontdaan van de darmen
- 4 grote eieren, op kamertemperatuur
- ½ theelepel sesamolie
- Vers gemalen zwarte peper
- 2 eetlepels plantaardige olie, verdeeld
- 2 geschilde plakjes verse gember, elk ongeveer zo groot als een kwart
- 2 teentjes knoflook, in dunne plakjes gesneden
- 1 bosje bieslook, in stukjes van een halve centimeter gesneden

INSTRUCTIES:

a) Klop in een grote kom het zout en de suiker in het water tot ze oplossen. Voeg de garnalen toe aan de pekel. Dek af en zet 10 minuten in de koelkast.

b) Giet de garnalen af in een vergiet en spoel ze af. Gooi de pekel weg. Spreid de garnalen uit op een met keukenpapier beklede bakplaat en dep ze droog.

c) Klop in een andere grote kom de eieren met de sesamolie en een snufje zout en peper tot een geheel. Opzij zetten.

d) Verhit een wok op middelhoog vuur tot een druppel water sist en bij contact verdampt. Giet er 1 eetlepel plantaardige olie bij en roer om de bodem van de wok te bedekken. Breng de olie op smaak door de gember en een snufje zout toe te voegen. Laat de gember ongeveer 30 seconden in de olie sissen, terwijl je hem zachtjes ronddraait.

e) Voeg de knoflook toe en roerbak kort om de olie op smaak te brengen, ongeveer 10 seconden. Laat de knoflook niet bruin worden of verbranden. Voeg de garnalen toe en roerbak ongeveer 2 minuten, tot ze roze kleuren. Doe het mengsel op een bord en gooi de gember weg.

f) Zet de wok terug op het vuur en voeg de resterende 1 eetlepel plantaardige olie toe. Als de olie heet is, roer je het eimengsel door de wok. Wervel en schud de eieren om te koken. Voeg de bieslook toe aan de pan en blijf koken totdat de eieren gaar maar niet droog zijn.

g) Doe de garnalen terug in de pan en roer om te combineren. Breng over naar een serveerschaal.

59. Hartige gestoomde eiervla

INGREDIËNTEN:
- 4 grote eieren, op kamertemperatuur
- 1¾ kopjes natriumarme kippenbouillon of gefilterd water
- 2 theelepels Shaoxing rijstwijn
- ½ theelepel koosjer zout
- 2 lente-uitjes, alleen het groene deel, in dunne plakjes gesneden
- 4 theelepels sesamolie

INSTRUCTIES:

a) Klop de eieren in een grote kom. Voeg de bouillon en de rijstwijn toe en klop om te combineren. Zeef het eimengsel door een fijnmazige zeef die boven een maatbeker voor vloeistoffen is geplaatst om luchtbellen te verwijderen. Giet het eimengsel in 4 (6-ounce) schaaltjes. Met een schilmesje knalt u eventuele belletjes op het oppervlak van het eimengsel. Bedek de schaaltjes met aluminiumfolie.

b) Spoel een bamboe stoommandje en deksel af onder koud water en plaats het in de wok. Giet er 5 cm water in, of tot het ¼ tot ½ inch boven de onderrand van de stomer komt, maar niet zo veel dat het de bodem van de mand raakt. Plaats de schaaltjes in het stoommandje. Dek af met het deksel.

c) Breng het water aan de kook en zet het vuur laag. Stoom op laag vuur gedurende ongeveer 10 minuten of tot de eieren net gestold zijn.

d) Haal de schaaltjes voorzichtig uit de stoompan en garneer elke custard met wat bosuitjes en een paar druppels sesamolie. Serveer onmiddellijk.

60. Chinese afhaal gebakken kippenvleugels

INGREDIËNTEN:
- 10 hele kippenvleugels, gewassen en droogdept
- 1/8 theelepel zwarte peper
- 1/4 theelepel witte peper
- ¼ theelepel knoflookpoeder
- 1 theelepel zout
- ½ theelepel suiker
- 1 eetlepel sojasaus
- 1 eetlepel Shaoxing-wijn
- 1 theelepel sesamolie
- 1 ei
- 1 eetlepel maizena
- 2 eetlepels bloem
- olie, om te frituren

INSTRUCTIES:
a) Combineer alle ingrediënten (behalve de frituurolie natuurlijk) in een grote mengkom. Meng alles totdat de vleugels goed bedekt zijn.
b) Laat de vleugels 2 uur marineren op kamertemperatuur of een nacht in de koelkast voor het beste resultaat. (Als u de vleugels in de koelkast bewaart, zorg er dan voor dat u ze vóór het koken weer op kamertemperatuur laat komen).
c) Als het lijkt alsof er na het marineren vloeistof in de vleugels zit, meng ze dan opnieuw grondig. De vleugels moeten goed bedekt zijn met een dunne, beslagachtige coating. Als het er nog steeds te waterig uitziet, voeg dan nog wat maïzena en bloem toe.
d) Vul een middelgrote pan voor ongeveer 2/3 met olie en verwarm deze tot 325 graden F.
e) Bak de vleugels in kleine porties gedurende 5 minuten en doe ze in een bakvorm bekleed met keukenpapier. Nadat alle vleugels gebakken zijn, doe je ze in batches terug in de olie en bak je ze opnieuw gedurende 3 minuten.
f) Laat ze uitlekken op keukenpapier of op een afkoelrek en serveer met hete saus!

61. Thaise basilicumkip

INGREDIËNTEN:
- 3 tot 4 eetlepels olie
- 3 Thaise vogel- of Hollandse pepers, in dunne plakjes gesneden
- 3 sjalotten, in dunne plakjes gesneden
- 5 teentjes knoflook, in plakjes gesneden
- 1 pond gemalen kip
- 2 theelepels suiker of honing
- 2 eetlepels sojasaus
- 1 eetlepel vissaus
- ⅓ kopje natriumarme kippenbouillon of water
- 1 bosje heilige basilicum of Thaise basilicumblaadjes

INSTRUCTIES:
a) Voeg in een wok op hoog vuur de olie, chilipepers, sjalotjes en knoflook toe en bak 1-2 minuten.
b) Voeg de gemalen kip toe en roerbak 2 minuten, waarbij de kip in kleine stukjes wordt gebroken.
c) Voeg de suiker, sojasaus en vissaus toe. Roerbak nog een minuut en blus de pan af met de bouillon. Omdat uw pan op hoog vuur staat, zou de vloeistof zeer snel moeten koken.
d) Voeg de basilicum toe en roerbak tot deze geslonken is.
e) Serveer met rijst.

VIS EN ZEEVRUCHTEN

62. Zalm en Roomkaas Bijt

INGREDIËNTEN:
- 3 middelgrote eieren
- ¼ theelepel zout of naar smaak
- ½ theelepel gedroogde dille
- 0,88 ounce verse of gerookte zalm, gehakt
- ½ kopje room
- 0,88 ounce geraspte Parmezaanse kaas
- 0,88 ounce roomkaas, in blokjes gesneden

INSTRUCTIES:
a) Vet 18 putjes van een mini-muffinvorm in met wat vet.
b) Zorg ervoor dat uw oven is voorverwarmd tot 360 ° F.
c) Voeg de eieren toe aan een kom en klop goed. Voeg zout en room toe en klop goed.
d) Voeg Parmezaanse kaas, roomkaas en dille toe en roer.
e) Verdeel het eimengsel in de 18 putjes van de mini-muffinpan.
f) Laat minstens 1 - 2 stukken zalm in elk putje vallen.
g) Plaats de mini-muffinvorm in de oven en bak ongeveer 12 - 15 minuten of tot hij stevig is.
h) Laat de mini-muffins afkoelen op je aanrecht.
i) Haal ze uit de vormen en serveer.

63. Gebakken visfilets

INGREDIËNTEN:
- 2 eetlepels boter, gesmolten
- Een snufje paprikapoeder
- 3 visfilets (5 ons)
- Peper naar smaak
- 1 eetlepel citroensap
- ½ theelepel zout

INSTRUCTIES:
a) Zorg ervoor dat uw oven is voorverwarmd tot 350 ° F.
b) Maak een bakblik klaar door deze in te vetten met wat vet.
c) Strooi zout en peper over de filets en leg ze in de pan.
d) Doe boter, paprikapoeder en citroensap in een kom en roer. Bestrijk dit mengsel over de filets.
e) Plaats de bakvorm in de oven en bak de filets gedurende 15-25 minuten, totdat de vis gemakkelijk loslaat als u er met een vork in prikt.

64.Zalmkoekjes

INGREDIËNTEN:
- 2 blikjes zalm (elk 14,75 ounce), uitgelekt
- 8 eetlepels collageen
- 2 kopjes geraspte mozzarellakaas
- 1 theelepel uienpoeder
- 4 grote weideeieren
- 4 theelepels gedroogde dille
- 1 theelepel roze zeezout of naar smaak
- 4 eetlepels spekvet

INSTRUCTIES:
a) Voeg zalm, collageen, mozzarella, uienpoeder, eieren, dille en zout toe in een kom en meng goed.
b) Maak 8 pasteitjes van het mengsel.
c) Plaats een grote koekenpan op middelhoog vuur met spekvet. Zodra het vet goed is verhit, plaats je de zalmkoekjes in de koekenpan en bak je ze tot ze aan alle kanten goudbruin zijn.
d) Haal de pan van het vuur en laat de pasteitjes 5 minuten in het gekookte vet liggen. Dienen.

65. Gegrilde gespleten kreeft

INGREDIËNTEN:
- 4 eetlepels olijfolie of gesmolten boter
- Kosjer zout naar smaak
- 4 levende kreeften (elk 1 ½ pond)
- Versgemalen peper naar smaak
- Gesmolten boter om te serveren
- Hete saus
- Citroenpartjes om te serveren

INSTRUCTIES:
a) Plaats de levende kreeften gedurende 15 minuten in de vriezer.
b) Leg ze op je snijplank met de buik naar beneden op de snijplank. Houd de staart vast. Verdeel de kreeften in de lengte doormidden. Begin vanaf het punt waar de staart het lichaam verbindt en ga omhoog naar het hoofd. Draai de zijkanten om en snijd het in de lengte door via de staart.
c) Wrijf gesmolten boter op het gesneden deel, onmiddellijk na het snijden. Strooi er zout en peper overheen.
d) Zet uw grill op en verwarm deze gedurende 5-10 minuten voor op hoog vuur. Maak het grillrooster schoon en zet het vuur laag.
e) Leg de kreeften op de grill en druk de klauwen op de grill tot ze gaar zijn: gril gedurende 6-8 minuten.
f) Draai de zijkanten om en kook tot het gaar en licht verkoold is.
g) Breng over naar een bord. Giet de gesmolten boter erover en serveer.

66. Visgratenbouillon

INGREDIËNTEN:
- 2 pond viskop of karkas
- Zout naar smaak
- 7 – 8 liter water + extra om te blancheren
- 2 centimeter gember, in plakjes gesneden
- 2 eetlepels citroensap

INSTRUCTIES:
a) Om de vis te blancheren: Voeg water en viskoppen toe aan een grote pan. Zet de pan op hoog vuur.
b) Als het kookt, zet je het vuur uit en gooi je het water weg.
c) Plaats de vis terug in de pot. Giet 7-8 liter water.
d) Zet de pan op hoog vuur. Voeg gember, zout en citroensap toe.
e) Wanneer het mengsel kookt, zet het vuur lager en dek af met een deksel. Laat 4 uur sudderen.
f) Haal van het vuur. Als het is afgekoeld, zeef je het in een grote pot met een zeef van draadgaas.
g) 5-6 dagen in de koelkast bewaren. Ongebruikte bouillon kan worden ingevroren.

67.Knoflookboter Garnalen

INGREDIËNTEN:
- 1 kopje ongezouten boter, verdeeld
- Kosjer zout naar smaak
- ½ kopje kippenbouillon
- Versgemalen peper naar smaak
- ¼ kopje gehakte verse peterselieblaadjes
- 3 pond middelgrote garnalen, gepeld, ontdaan van de darmen
- 10 teentjes knoflook, gepeld, fijngehakt
- Sap van 2 citroenen

INSTRUCTIES:
a) Voeg 4 eetlepels boter toe aan een grote koekenpan en plaats de koekenpan op middelhoog vuur. Zodra de boter smelt, roer je zout, garnalen en peper erdoor en kook je het 2 - 3 minuten. Roer elke minuut of zo. Haal de garnalen eruit met een schuimspaan en leg ze op een bord.
b) Voeg de knoflook toe aan de pan en kook tot je een lekker aroma krijgt. Giet het citroensap en de bouillon erbij en roer.
c) Zodra het kookt, zet je het vuur lager en kook je tot de bouillon tot de helft van de oorspronkelijke hoeveelheid is gedaald.
d) Voeg de rest van de boter toe, elke keer een eetlepel, en roer tot hij smelt.
e) Voeg de garnalen toe en roer lichtjes tot ze goed bedekt zijn.
f) Strooi de peterselie erover en serveer.

68. Gegrilde garnalen

INGREDIËNTEN:
GARNALEN KRUIDEN
- 2 theelepels knoflookpoeder
- 2 theelepels Italiaanse kruiden
- 2 theelepels koosjer zout
- ½ - 1 theelepel cayennepeper

GRILLEN
- 4 eetlepels extra vergine olijfolie
- 2 pond garnalen, gepeld, ontdaan van darmen
- 2 eetlepels vers citroensap
- Olie om de grill in te vetten geraspt

INSTRUCTIES:
a) Als u het in de oven braadt, maak dan een bakplaat klaar door deze met folie te bekleden en de folie ook in te vetten met wat vet.
b) Voeg knoflookpoeder, cayennepeper, zout en Italiaanse kruiden toe aan een grote kom en meng goed.
c) Voeg citroensap en olie toe en meng goed.
d) Roer de garnalen erdoor. Zorg ervoor dat de garnalen goed bedekt zijn met het mengsel.
e) Vet de grillroosters in met wat olie. Grill de garnalen of rooster ze in de oven tot ze roze kleuren. Het duurt 2 - 3 minuten voor elke kant.

69.Knoflook Ghee Gebakken Kabeljauw

INGREDIËNTEN:
- 2 kabeljauwfilets (elk 4,8 ons)
- 3 teentjes knoflook, gepeld, fijngehakt
- Zout naar smaak
- 1 ½ eetlepel ghee
- ½ eetlepel knoflookpoeder (optioneel)

INSTRUCTIES:
a) Zet een pan op middelhoog vuur. Voeg ghee toe.
b) Zodra de ghee smelt, roer je de helft van de knoflook erdoor en kook je deze ongeveer 6 – 10 seconden.
c) Voeg de filets toe en breng op smaak met knoflookpoeder en zout.
d) Binnenkort zal de kleur van de vis absoluut wit worden. Deze kleur moet zichtbaar zijn over ongeveer de helft van de hoogte van de vis.
e) Draai de vis om en bak, voeg de resterende knoflook toe.
f) Wanneer de hele filet wit wordt, haal hem dan uit de pan en serveer.

70.Zout en peper garnalen

INGREDIËNTEN:
- 1 eetlepel koosjer zout
- 1½ theelepel Sichuan-peperkorrels
- 1½ pond grote garnalen (U31–35), gepeld en ontdaan van de darmen, de staarten eraan
- ½ kopje plantaardige olie
- 1 kopje maizena
- 4 lente-uitjes, diagonaal gesneden
- 1 jalapeñopeper, gehalveerd en zonder zaadjes, in dunne plakjes gesneden
- 6 teentjes knoflook, in dunne plakjes gesneden

INSTRUCTIES:

a) Rooster het zout en de peperkorrels in een kleine koekenpan of koekenpan op middelhoog vuur tot ze aromatisch zijn, en schud en roer regelmatig om aanbranden te voorkomen. Doe over in een kom om volledig af te koelen. Maal het zout en de peperkorrels samen in een kruidenmolen of met een vijzel en stamper. Doe over in een kom en zet opzij.

b) Dep de garnalen droog met keukenpapier.

c) Verhit de olie in een wok op middelhoog vuur tot 375 ° F, of totdat het borrelt en sist rond het uiteinde van een houten lepel.

d) Doe de maizena in een grote kom. Net voordat je klaar bent om de garnalen te bakken, schep je de helft van de garnalen door het maizena en schud je het overtollige maizena af.

e) Bak de garnalen 1 tot 2 minuten, tot ze roze kleuren. Gebruik een wokschuimer om de gebakken garnalen over te brengen naar een rek op een bakplaat om uit te lekken. Herhaal het proces met de resterende garnalen, doe ze in maïzena, bak ze en doe ze in het rek om uit te lekken.

f) Zodra alle garnalen gaar zijn, verwijder je voorzichtig alle olie, behalve 2 eetlepels, en zet je de wok terug op middelhoog vuur. Voeg de lente-uitjes, jalapeño en knoflook toe en roerbak tot de lente-uitjes en jalapeño heldergroen worden en de knoflook aromatisch is. Doe de garnalen terug in de wok, breng op smaak met het zout- en pepermengsel (je mag niet alles gebruiken) en schep om. Leg de garnalen op een schaal en serveer warm.

71. Dronken garnalen

INGREDIËNTEN:
- 2 kopjes Shaoxing rijstwijn
- 4 geschilde plakjes verse gember, elk ongeveer zo groot als een kwart
- 2 eetlepels gedroogde gojibessen (optioneel)
- 2 theelepels suiker
- 1 pond jumbogarnalen (U21-25), gepeld en ontdaan van darmen, staarten eraan
- 2 eetlepels plantaardige olie
- Kosjer zout
- 2 theelepels maizena

INSTRUCTIES:
a) Roer in een grote mengkom de rijstwijn, gember, gojibessen (indien gebruikt) en suiker door elkaar tot de suiker is opgelost. Voeg de garnalen toe en dek af. Marineer in de koelkast gedurende 20 tot 30 minuten.
b) Giet de garnalen en de marinade in een vergiet boven een kom. Bewaar een half kopje marinade en gooi de rest weg.
c) Verhit een wok op middelhoog vuur tot een druppel water sist en bij contact verdampt. Giet de olie erbij en draai rond zodat de bodem van de wok bedekt is. Breng de olie op smaak door een klein snufje zout toe te voegen en roer zachtjes.
d) Voeg de garnalen toe en roerbak krachtig, voeg een snufje zout toe terwijl je de garnalen omdraait en in de wok gooit. Blijf de garnalen ongeveer 3 minuten bewegen, totdat ze net roze kleuren.
e) Roer het maizena door de bewaarde marinade en giet dit over de garnalen. Schep de garnalen om en bestrijk ze met de marinade. Het zal indikken tot een glanzende saus als het begint te koken, nog ongeveer 5 minuten.
f) Doe de garnalen en gojibessen op een schaal, gooi de gember weg en serveer warm.

72. Roergebakken garnalen in Shanghainese stijl

INGREDIËNTEN:

- 1 pond middelgrote garnalen (U31-40), gepeld en ontdaan van darmen, staarten eraan
- 2 eetlepels plantaardige olie
- Kosjer zout
- 2 theelepels Shaoxing rijstwijn
- 2 lente-uitjes, fijn julienned

INSTRUCTIES:

a) Snijd de garnalen met een scherpe keukenschaar of een schilmesje in de lengte doormidden, waarbij het staartgedeelte intact blijft. Terwijl de garnaal wordt geroerbakt, zal het op deze manier snijden meer oppervlak geven en een unieke vorm en textuur creëren!

b) Dep de garnalen droog met keukenpapier en houd ze droog. Hoe droger de garnalen, hoe smaakvoller het gerecht. U kunt de garnalen maximaal 2 uur in de koelkast bewaren, opgerold in keukenpapier, voordat u ze gaat koken.

c) Verhit een wok op middelhoog vuur tot een druppel water sist en bij contact verdampt. Giet de olie erbij en draai rond zodat de bodem van de wok bedekt is. Breng de olie op smaak door een klein snufje zout toe te voegen en roer zachtjes.

d) Voeg de garnalen in één keer toe aan de hete wok. Gooi en draai snel gedurende 2 tot 3 minuten, totdat de garnalen net roze beginnen te kleuren. Breng op smaak met nog een klein snufje zout en voeg de rijstwijn toe. Laat de wijn uitkoken terwijl je doorgaat met roerbakken, nog ongeveer 2 minuten. De garnaal moet loskomen en krullen, nog steeds vastgemaakt aan de staart.

e) Doe over in een serveerschaal en garneer met de lente-uitjes. Heet opdienen.

73.Walnoot Garnalen

INGREDIËNTEN:
- Plantaardige oliespray met anti-aanbaklaag
- 1 pond jumbogarnalen (U21-25), gepeld
- 25 tot 30 walnoothelften
- 3 kopjes plantaardige olie, om te frituren
- 2 eetlepels suiker
- 2 eetlepels water
- ¼ kopje mayonaise
- 3 eetlepels gezoete gecondenseerde melk
- ¼ theelepel rijstazijn
- Kosjer zout
- ⅓ kopje maizena

INSTRUCTIES:
a) Bekleed een bakplaat met bakpapier en spuit lichtjes in met kookspray. Opzij zetten.
b) Laat de garnaal vlinderen door hem met de gebogen kant naar beneden op een snijplank te houden. Begin vanaf de kop en steek de punt van een schilmesje voor driekwart in de garnaal. Maak een sneetje in het midden van de rug van de garnaal tot aan de staart. Snij niet helemaal door de garnaal en snijd niet in het staartgedeelte. Open de garnaal als een boek en spreid hem plat uit. Veeg de ader (het spijsverteringskanaal van de garnaal) weg als deze zichtbaar is, spoel de garnaal af onder koud water en dep hem vervolgens droog met keukenpapier. Opzij zetten.
c) Verhit de olie in een wok op middelhoog vuur tot 375 ° F, of totdat het borrelt en sist rond het uiteinde van een houten lepel. Bak de walnoten goudbruin, 3 tot 4 minuten, en breng de walnoten met behulp van een wokschuimer over naar een met keukenpapier beklede plaat. Zet opzij en zet het vuur uit.
d) Roer in een kleine pan de suiker en het water door elkaar en breng op middelhoog vuur, af en toe roerend, aan de kook tot de suiker is opgelost. Zet het vuur middelhoog en laat 5 minuten sudderen om de siroop in te koken, of tot de siroop dik en glanzend is. Voeg de walnoten toe en meng ze zodat ze volledig bedekt zijn met de siroop. Breng de noten over naar de voorbereide bakplaat en zet

opzij om af te koelen. De suiker moet rond de noten hard worden en een gekonfijte schaal vormen.

e) Roer in een kleine kom de mayonaise, de gecondenseerde melk, de rijstazijn en een snufje zout door elkaar. Opzij zetten.

f) Breng de wokolie terug naar 375 ° F op middelhoog vuur. Terwijl de olie aan het opwarmen is, breng je de garnalen lichtjes op smaak met een snufje zout. Meng de garnalen in een mengkom met het maizena tot ze goed bedekt zijn. Werk in kleine hoeveelheden, schud het overtollige maizena van de garnalen en bak ze in de olie, beweeg ze snel in de olie zodat ze niet aan elkaar plakken. Bak de garnalen gedurende 2 tot 3 minuten goudbruin.

g) Doe het mengsel in een schone mengkom en sprenkel de saus erover. Vouw voorzichtig totdat de garnalen gelijkmatig bedekt zijn. Schik de garnalen op een schaal en garneer met de gekonfijte walnoten. Heet opdienen.

74. Gefluwelen Sint-jakobsschelpen

INGREDIËNTEN:
- 1 groot eiwit
- 2 eetlepels maizena
- 2 eetlepels Shaoxing rijstwijn, verdeeld
- 1 theelepel koosjer zout, verdeeld
- 1 pond verse sint-jakobsschelpen, gespoeld, spier verwijderd en drooggedept
- 3 eetlepels plantaardige olie, verdeeld
- 1 eetlepel lichte sojasaus
- ¼ kopje vers geperst sinaasappelsap
- Geraspte schil van 1 sinaasappel
- Rode pepervlokken (optioneel)
- 2 lente-uitjes, alleen het groene deel, in dunne plakjes gesneden, voor garnering

INSTRUCTIES:

a) Meng in een grote kom het eiwit, maizena, 1 eetlepel rijstwijn en ½ theelepel zout en roer met een kleine garde tot het maizena volledig is opgelost en niet langer klontert. Schep de sint-jakobsschelpen erdoor en zet 30 minuten in de koelkast.

b) Haal de coquilles uit de koelkast. Breng een middelgrote pan water aan de kook. Voeg 1 eetlepel plantaardige olie toe en laat sudderen. Voeg de Sint-Jakobsschelpen toe aan het kokende water en kook gedurende 15 tot 20 seconden, onder voortdurend roeren tot de Sint-Jakobsschelpen net ondoorzichtig worden (de Sint-Jakobsschelpen zijn nog niet helemaal gaar). Breng de sint-jakobsschelpen met behulp van een wokschuimer over op een met keukenpapier beklede bakplaat en dep ze droog met keukenpapier.

c) Meng in een glazen maatbeker de resterende 1 eetlepel rijstwijn, lichte soja, sinaasappelsap, sinaasappelschil en een snufje rode pepervlokken (indien gebruikt) en zet opzij.

d) Verhit een wok op middelhoog vuur tot een druppel water sist en bij contact verdampt. Giet de resterende 2 eetlepels olie erbij en roer om de bodem van de wok te bedekken. Breng de olie op smaak door het resterende ½ theelepel zout toe te voegen.

e) Voeg de Velveted Sint-Jakobsschelpen toe aan de wok en roer de saus erdoor. Roerbak de sint-jakobsschelpen tot ze net gaar zijn, ongeveer 1 minuut. Doe over in een serveerschaal en garneer met de lente-uitjes.

75. Zeevruchten en groenten roerbakken met noedels

INGREDIËNTEN:
- 1 kopje plantaardige olie, verdeeld
- 3 geschilde verse gemberschijfjes
- Kosjer zout
- 1 rode paprika, in stukjes van 1 inch gesneden
- 1 kleine witte ui, in dunne, lange verticale reepjes gesneden
- 1 grote hand peultjes, draadjes verwijderd
- 2 grote teentjes knoflook, fijngehakt
- ½ pond garnalen of vis, in stukken van 1 inch gesneden
- 1 eetlepel zwarte bonensaus
- ½ pond gedroogde vermicellirijstnoedels of bonendraadnoedels

INSTRUCTIES:

a) Verhit een wok op middelhoog vuur tot een druppel water sist en bij contact verdampt. Giet er 2 eetlepels olie in en roer om de bodem van de wok te bedekken. Breng de olie op smaak door de plakjes gember en een klein snufje zout toe te voegen. Laat de gember ongeveer 30 seconden in de olie sissen, terwijl je hem zachtjes ronddraait.

b) Voeg de paprika en de ui toe en roerbak ze snel door ze met een wokspatel in de wok rond te draaien.

c) Breng licht op smaak met zout en roerbak nog 4 tot 6 minuten, totdat de ui er zacht en glazig uitziet. Voeg de peultjes en knoflook toe, roer en draai tot de knoflook geurig is, nog ongeveer een minuut. Breng de groenten over naar een bord.

d) Verhit nog 1 eetlepel olie en voeg de garnalen of vis toe. Meng voorzichtig en breng op smaak met een klein snufje zout. Roerbak gedurende 3 tot 4 minuten, of tot de garnalen roze kleuren of de vis begint te schilferen. Doe de groenten terug en roer alles nog 1 minuut door elkaar. Gooi de gember weg en doe de garnalen op een schaal. Tent met folie om warm te blijven.

e) Veeg de wok schoon en zet hem terug op middelhoog vuur. Giet de resterende olie (ongeveer ¾ kopje) erbij en verwarm tot 375 ° F, of totdat het borrelt en sist rond het uiteinde van een houten lepel. Zodra de olie op temperatuur is, voeg je de gedroogde noedels toe. Ze zullen onmiddellijk beginnen te puffen en uit de olie opstaan. Draai de noedelwolk met een tang om als je de bovenkant wilt bakken, til hem voorzichtig uit de olie en leg hem op een met keukenpapier beklede plaat om uit te lekken en af te koelen.

f) Breek de noedels voorzichtig in kleinere stukjes en strooi ze over de roergebakken groenten en garnalen. Serveer onmiddellijk.

76. Hele gestoomde vis met gember en lente-uitjes

INGREDIËNTEN:
VOOR DE VIS
- 1 hele witte vis, ongeveer 2 pond, met de kop erop en schoongemaakt
- ½ kopje koosjer zout, voor reiniging
- 3 lente-uitjes, in stukjes van 3 inch gesneden
- 4 geschilde plakjes verse gember, elk ongeveer zo groot als een kwart
- 2 eetlepels Shaoxing rijstwijn

VOOR DE SAUS
- 2 eetlepels lichte sojasaus
- 1 eetlepel sesamolie
- 2 theelepels suiker

VOOR DE SIZZENDE GEMBEROLIE
- 3 eetlepels plantaardige olie
- 2 eetlepels geschilde verse gember, fijn gesneden in dunne reepjes
- 2 lente-uitjes, in dunne plakjes gesneden
- Rode ui, in dunne plakjes gesneden (optioneel)
- Koriander (optioneel)

INSTRUCTIES:
a) Wrijf de vis van binnen en van buiten met het koosjer zout. Spoel de vis af en dep hem droog met keukenpapier.
b) Maak op een bord dat groot genoeg is om in een bamboe stoommandje te passen een bedje met de helft van de lente-uitjes en de gember. Leg de vis erop en stop de overgebleven lente-uitjes en gember in de vis. Giet de rijstwijn over de vis.
c) Spoel een bamboe stoommandje en deksel af onder koud water en plaats het in de wok. Giet er ongeveer 5 cm koud water in, of totdat het ongeveer ¼ tot ½ inch boven de onderrand van de stomer komt, maar niet zo hoog dat het water de bodem van de mand raakt. Breng het water aan de kook.
d) Plaats het bord in de stoommand en dek af. Stoom de vis op middelhoog vuur gedurende 15 minuten (voeg 2 minuten toe voor elk half pond meer). Voordat u de vis uit de wok haalt, prikt u met een vork in de vis vlak bij de kop. Als het vlees schilfert, is het klaar. Als het vlees nog steeds aan elkaar plakt, stoom dan nog 2 minuten.
e) Terwijl de vis stoomt, verwarm je in een kleine pan de lichte soja, sesamolie en suiker op laag vuur en zet opzij.
f) Zodra de vis gaar is, overbrengen naar een schone schaal. Gooi het kookvocht en de aromaten weg van de stoomplaat. Giet het warme sojasausmengsel over de vis. Tent met folie om hem warm te houden terwijl je de olie klaarmaakt.

77.Geroerbakte vis met gember en paksoi

INGREDIËNTEN:
- 1 groot eiwit
- 1 eetlepel Shaoxing-rijstwijn
- 2 theelepels maizena
- 1 theelepel sesamolie
- ½ theelepel lichte sojasaus
- 1 pond visfilets zonder botten, in stukjes van 2 inch gesneden
- 4 eetlepels plantaardige olie, verdeeld
- Kosjer zout
- 4 geschilde plakjes verse gember, ongeveer zo groot als een kwart
- 3 koppen baby paksoi, in hapklare stukjes gesneden
- 1 teentje knoflook, fijngehakt

INSTRUCTIES:
a) Meng in een middelgrote kom het eiwit, de rijstwijn, het maizena, de sesamolie en de lichte soja. Voeg de vis toe aan de marinade en roer om te coaten. Marineer gedurende 10 minuten.
b) Verhit een wok op middelhoog vuur tot een druppel water sist en bij contact verdampt. Giet er 2 eetlepels plantaardige olie in en roer om de bodem van de wok te bedekken. Breng de olie op smaak door een klein snufje zout toe te voegen en roer zachtjes.
c) Haal de vis met een schuimspaan uit de marinade en schroei hem ongeveer 2 minuten aan elke kant in de wok, tot hij aan beide kanten lichtbruin is. Doe de vis op een bord en zet opzij.
d) Voeg de resterende 2 eetlepels plantaardige olie toe aan de wok. Voeg nog een snufje zout en de gember toe en breng de olie op smaak, terwijl je hem zachtjes ronddraait gedurende 30 seconden. Voeg de paksoi en de knoflook toe en roerbak 3 tot 4 minuten, onder voortdurend roeren, tot de paksoi gaar is.
e) Doe de vis terug in de wok en roer voorzichtig samen met de paksoi tot alles gemengd is. Breng het geheel op smaak met nog een snufje zout. Doe het op een schaal, gooi de gember weg en serveer onmiddellijk.

78.Mosselen in Zwarte Bonensaus

INGREDIËNTEN:
- 3 eetlepels plantaardige olie
- 2 geschilde plakjes verse gember, elk ongeveer zo groot als een kwart
- Kosjer zout
- 2 lente-uitjes, in stukjes van 2 inch gesneden
- 4 grote teentjes knoflook, in dunne plakjes gesneden
- 2 pond levende PEI-mosselen, geschrobd en ontbaard
- 2 eetlepels Shaoxing rijstwijn
- 2 eetlepels zwarte bonensaus of zwarte bonensaus uit de winkel
- 2 theelepels sesamolie
- ½ bosje verse koriander, grof gehakt

INSTRUCTIES:

a) Verhit een wok op middelhoog vuur tot een druppel water sist en bij contact verdampt. Giet de plantaardige olie erbij en draai om de bodem van de wok te bedekken. Breng de olie op smaak door de plakjes gember en een klein snufje zout toe te voegen. Laat de gember ongeveer 30 seconden in de olie sissen, terwijl je hem zachtjes ronddraait.

b) Voeg de lente-uitjes en knoflook toe en roerbak gedurende 10 seconden, of tot de lente-uitjes geslonken zijn.

c) Voeg de mosselen toe en roer zodat ze bedekt zijn met de olie. Giet de rijstwijn langs de zijkanten van de wok en roer kort. Dek af en stoom gedurende 6 tot 8 minuten, totdat de mosselen geopend zijn.

d) Ontdek en voeg de zwarte bonensaus toe, roer om de mosselen te bedekken. Dek af en laat nog 2 minuten stomen. Ontdek en pluk door, verwijder eventuele mosselen die nog niet zijn geopend.

e) Besprenkel de mosselen met de sesamolie. Roer kort door tot de sesamolie geurig is. Gooi de gember weg, doe de mosselen in een schaal en garneer met de koriander.

79.Kokos Curry Krab

INGREDIËNTEN:
- 2 eetlepels plantaardige olie
- 2 geschilde plakjes verse gember, ongeveer zo groot als een kwart
- Kosjer zout
- 1 sjalot, in dunne plakjes gesneden
- 1 eetlepel kerriepoeder
- 1 (13,5 ounce) blikje kokosmelk
- ¼ theelepel suiker
- 1 eetlepel Shaoxing-rijstwijn
- 1 pond krabvlees uit blik, uitgelekt en doorgeprikt om de schaalstukken te verwijderen
- Vers gemalen zwarte peper
- ¼ kopje gehakte verse koriander of platte peterselie, voor garnering
- Gekookte rijst, om te serveren

INSTRUCTIES:
a) Verhit een wok op middelhoog vuur tot een druppel water sist en bij contact verdampt. Giet de olie erbij en draai rond zodat de bodem van de wok bedekt is. Breng de olie op smaak door de plakjes gember en een snufje zout toe te voegen. Laat de gember ongeveer 30 seconden in de olie sissen, terwijl je hem zachtjes ronddraait.

b) Voeg de sjalot toe en roerbak ongeveer 10 seconden. Voeg het kerriepoeder toe en roer tot het nog 10 seconden geurig is.

c) Roer de kokosmelk, suiker en rijstwijn erdoor, dek de wok af en kook gedurende 5 minuten.

d) Roer de krab erdoor, dek af met het deksel en kook tot hij warm is, ongeveer 5 minuten. Verwijder het deksel, breng op smaak met zout en peper en gooi de gember weg. Schep de rijst over een kom en garneer met gehakte koriander.

80. Gefrituurde inktvis met zwarte peper

INGREDIËNTEN:
- 3 kopjes plantaardige olie
- Inktvisbuizen en tentakels van 1 pond, schoongemaakt en buizen in ringen van ⅓ inch gesneden
- ½ kopje rijstmeel
- Kosjer zout
- ¼ theelepel versgemalen zwarte peper
- ¾ kopje bruisend water, ijskoud gehouden
- 2 eetlepels grof gesneden verse koriander

INSTRUCTIES:
a) Giet de olie in de wok; de olie moet ongeveer 1 tot 1½ inch diep zijn. Breng de olie op middelhoog vuur tot 375 ° F. Je kunt zien dat de olie de juiste temperatuur heeft als de olie borrelt en sist rond het uiteinde van een houten lepel wanneer deze erin wordt gedompeld. Dep de inktvis droog met keukenpapier.

b) Roer ondertussen in een ondiepe kom het rijstmeel met een snufje zout en de peper. Klop er net genoeg bruisend water door tot er een dun beslag ontstaat. Vouw de inktvis erdoor en schep de inktvis, in gedeelten, uit het beslag met een wokschuimer of schuimspaan, en schud het overtollige beslag eraf. Laat voorzichtig in de hete olie zakken.

c) Kook de inktvis gedurende ongeveer 3 minuten, tot hij goudbruin en knapperig is. Haal de calamares met behulp van een wokschuimer uit de olie en breng ze over naar een met keukenpapier beklede plaat en breng ze licht op smaak met zout. Herhaal met de overgebleven inktvis.

d) Doe de inktvis in een schaal en garneer met de koriander. Heet opdienen.

81. Gefrituurde oesters met chili-knoflookconfetti

INGREDIËNTEN:
- 1 (16 ounce) container kleine gepelde oesters
- ½ kopje rijstmeel
- ½ kopje bloem voor alle doeleinden, verdeeld
- ½ theelepel bakpoeder
- Kosjer zout
- Gemalen witte peper
- ¼ theelepel uienpoeder
- ¾ kopje bruisend water, gekoeld
- 1 theelepel sesamolie
- 3 kopjes plantaardige olie
- 3 grote teentjes knoflook, in dunne plakjes gesneden
- 1 kleine rode chilipeper, fijngesneden
- 1 kleine groene chilipeper, fijngesneden
- 1 lente-uitje, in dunne plakjes gesneden

INSTRUCTIES:

a) Roer in een mengkom het rijstmeel, ¼ kopje bloem, bakpoeder, een snufje zout en witte peper en uienpoeder door elkaar. Voeg het bruiswater en de sesamolie toe, meng tot een gladde massa en zet opzij.

b) Verhit de plantaardige olie in een wok op middelhoog vuur tot 375°F, of tot het borrelt en sist rond het uiteinde van een houten lepel.

c) Dep de oesters af met keukenpapier en bagger ze in de resterende ¼ kopje bloem voor alle doeleinden. Doop de oesters één voor één in het rijstmeelbeslag en laat ze voorzichtig in de hete olie zakken.

d) Bak de oesters gedurende 3 tot 4 minuten, of tot ze goudbruin zijn. Breng het over naar een draadafkoelrek dat over een bakplaat is geplaatst om uit te lekken. Bestrooi licht met zout.

e) Breng de olietemperatuur terug naar 375°F en bak de knoflook en pepers kort tot ze knapperig maar nog steeds helder gekleurd zijn, ongeveer 45 seconden. Haal het met een draadskimmer uit de olie en plaats het op een met keukenpapier beklede plaat.

f) Schik de oesters op een schaal en strooi de knoflook en chilipepers erover. Garneer met de gesneden lente-uitjes en serveer onmiddellijk.

82. Airfryer Kokosgarnalen

INGREDIËNTEN:
- 1/2 kopje bloem voor alle doeleinden
- 1 1/2 theelepel gemalen zwarte peper
- 2 grote eieren
- 2/3 kop ongezoete kokosnootvlokken
- 1/3 kopje panko-broodkruimels
- 12 ons ongekookte middelgrote garnalen,
- 1 portie kookspray
- 1/2 theelepel koosjer zout, verdeeld
- 1/4 kopje honing
- 1/4 kopje limoensap
- 1 Serrano chili, in dunne plakjes gesneden
- 2 theelepels gehakte verse koriander

INSTRUCTIES:
a) Klop de eieren lichtjes in een andere ondiepe schaal. Roer de kokosnoot en panko door elkaar in een derde ondiepe schaal.
b) Houd elke garnaal bij de staart vast, bagger het bloemmengsel erin en verwijder het overtollige mengsel. Doop vervolgens de met bloem bestoven garnalen in het ei en laat het overtollige ei eraf druipen.
c) Tenslotte baggeren in het kokosmengsel en aandrukken om te hechten. Geplaatst op een bord. Smeer de garnalen goed in met kookspray.
d) Klop ondertussen de honing, het limoensap en de Serrano-chili in een normale kom voor de dip. Bestrooi de gebakken garnalen met koriander en serveer met dip.

83.Airfryer Citroen Peper Garnalen

INGREDIËNTEN:
- 1 eetlepel olijfolie
- 1 citroen, uitgeperst
- 1 theelepel citroenpeper
- 1/4 theelepel paprikapoeder
- 1/4 theelepel knoflookpoeder
- 12 ons ongekookte middelgrote garnalen,
- 1 citroen, in plakjes gesneden

INSTRUCTIES:
a) Verwarm een airfryer voor op 400 graden F (200 graden C).
b) Meng kokosolie, citroensap, citroenpeper, paprikapoeder en knoflookpoeder in een kom. Voeg garnalen toe en roer tot ze bedekt zijn.
c) Plaats de garnalen in de airfryer en kook tot ze roze en stevig zijn, 6 tot 8 minuten. Serveer met schijfjes citroen.

84. In Bacon Verpakte Garnalen

INGREDIËNTEN:
- 1 liter plantaardige olie om te frituren
- 32 elk geschild en ontdaan van de darmen
- 1 blik ingelegde jalapeñopepers
- 16 plakjes spek, gehalveerd
- 32 tandenstokers per stuk

INSTRUCTIES:

a) Verhit olie in een frituurpan of grote pan tot 350 graden F (175 graden C)

b) Snijd de garnalen langs de stam door, bijna tot aan de voorkant. Vul elke garnaal met een stukje jalapeño en wikkel hem vervolgens in een half plakje spek. Zet vast met een tandenstoker. Herhaal met al die andere ingrediënten.

c) Kook de garnalen in porties in de hete olie voordat het spek knapperig en goudbruin is, 2-3 minuten. Laat ze voor het serveren uitlekken op een met keukenpapier bekleed bord.

85.Geweldige krabschelpen

INGREDIËNTEN:
- 36 stuks (blanco) jumbo pastaschelpen
- 2 pakjes Neufchatelkaas
- 1 pond imitatie krabvlees
- 6 ons gekookte kleine garnalen
- 1 ui, gehakt
- 2 stengels bleekselderij, gehakt
- 1/3 kopje mayonaise
- 2 eetlepels witte suiker
- 1 1/2 theelepel zout
- 1/2 theelepel gemalen zwarte peper
- 1 theelepel citroensap

INSTRUCTIES:
a) Breng een grote pan met gezouten water aan de kook en voeg de pastaschelpen toe; kook tot al dente. Goed laten uitlekken.
b) Meng in een grote mengkom roomkaas, krab, garnalen, ui, selderij, mayonaise, suiker, zout, peper en citroensap; Meng goed.
c) Vul het roomkaasmengsel in de grote pastaschelpen. Laat minimaal 2 uur afkoelen voordat u het serveert.

86. Garnalen Gevulde Champignons

INGREDIËNTEN:
- 20 grote witte champignons, zacht
- 1 (4-ounce) blikje kleine garnalen, afspoelen d
- 1/2 kopje roomkaas met bieslook- en uiensmaak
- 1/2 theelepel Worcestershiresaus
- 1 snufje knoflookpoeder, of naar smaak
- 1 scheutje hete saus in Louisiana-stijl
- 3/4 kop geraspte Romano-kaas

INSTRUCTIES:
a) Vet een ovenschaal van 9x13 inch licht in.
b) Terwijl de champignonhoeden afkoelen, combineer je de garnalen, roomkaas, Worcestershire-saus, knoflookpoeder en hete saus in een kom en roer om goed te mengen.
c) Schep ongeveer 2 theelepels van het garnalenmengsel in de hoed van elke champignon en plaats deze met de vulling naar boven in de voorbereide ovenschaal.
d) Strooi de Romano-kaas op elke champignon.
e) Verwarm een oven voor op 400 graden F (200 graden C). Haal de deksel op de schaal en bak de champignons in de voorverwarmde oven gedurende ongeveer 15 minuten .

87. Amerikaanse ceviche

INGREDIËNTEN:
- 1 pakje gekookte middelgrote garnalen
- 2 pakjes imitatie krabvlees
- 5 tomaten, in blokjes gesneden
- 3 middelgrote (blanco) avocado's
- 1 Engelse komkommer
- 1 rode ui, in blokjes gesneden
- 1 bosje koriander, gehakt
- 4 limoenen, uitgeperst
- 2 middelgrote jalapeñopepers,
- 2 teentjes knoflook, geperst
- 1 fles tomaten- en mosselsapcocktail
- 1 snufje zout en gemalen zwarte peper

INSTRUCTIES:

a) Meng garnalen, imitatiekrab, tomaten, avocado's, komkommer, rode ui, koriander, limoensap, jalapeñopepers en knoflook samen in een bakje met deksel; Giet de cocktail van tomaat en mosselensap over de salade en meng. Breng op smaak met zout en zwarte peper.

b) Laat de salade een nacht in de koelkast marineren; roer opnieuw voordat je het serveert.

88. Dumplings met varkensvlees en garnalen

INGREDIËNTEN:
- 1/4 pond gemalen varkensvlees
- 1 kopje gehakte waterkers
- 1/2 (8 ounce) kan kastanjes water geven
- 1/4 kop gehakte groene uien
- 1 eetlepel oestersaus
- 1 1/2 eetlepel sesamolie
- 1 theelepel gehakte knoflook
- 1 theelepel sojasaus
- 1 (16 ounce) pakje knoedelvellen
- 1 pond gepelde en ontdaan garnalen

INSTRUCTIES:
a) Meng het varkensvlees, de waterkers, de waterkastanjes, de groene ui, de oestersaus, de sesamolie, de knoflook, de sojasaus, de gemalen witte peper en het zout in een grote kom en meng goed.
b) Plaats 1/2 theelepel vulling op elk knoedelvel. Leg 1 garnaal op de vulling.
c) Koken: Bak de dumplings in een grote koekenpan op middelhoog vuur met olie gedurende 15 minuten en draai ze halverwege om. OF Plaats ze gedurende 10 minuten in een pan met kokend water; laat uitlekken en serveer in hete kippenbouillon.

89.Voorgerecht Garnalen Kabobs

INGREDIËNTEN:
- 3 eetlepels olijfolie
- 3 teentjes knoflook, geperst
- 1/2 kopje droge broodkruimels
- 1/2 theelepel zeevruchtenkruiden
- 32 ongekookte middelgrote garnalen
- cocktailsaus met zeevruchten

INSTRUCTIES:
a) Meng de olie en knoflook in een ondiepe kom; laten we zeker een symbool zijn van 30 minuten . Meng in een andere kom broodkruimels en zeevruchtenkruiden. Doop de garnalen in het oliemengsel en bestrijk ze vervolgens met het kruimelmengsel.

b) Rijg het op metalen of geweekte houten spiesen. Grill de kabobs, afgedekt, op middelhoog vuur gedurende 2-3 minuten of tot de garnalen roze kleuren. Serveer met zeevruchtensaus.

90.Mexicaanse garnalencocktail

INGREDIËNTEN:
- 1/3 kop ui Spaanse ui gehakt
- 1/4 kopje limoensap
- 1 pond garnalen, gekoelde gekookte middelgrote garnalen
- 2 tomaten middelgroot
- 1 komkommer fijngesneden
- 1 stengel bleekselderij fijngesneden
- 1 peper jalapeñopeper zonder zaadjes
- 2 theelepels zout
- 2 theelepels zwarte peper
- 1 kopje mosselsap
- 1 kopje ketchup
- 1 bosje koriander
- 2 eetlepels hete pepersaus
- 2 avocado

INSTRUCTIES:

a) Meng de ui met het limoensap in een klein kommetje en laat dit ongeveer 10 minuten duren. Meng ondertussen garnalen, romatomaten, komkommer, selderij, jalapeño, zout en zwarte peper in een kom tot alles goed gemengd is.

b) Klop de tomaten- en mosselsapcocktail, ketchup, koriander en hete pepersaus in een andere kom; roer de dressing door het garnalenmengsel. Voeg de avocado's voorzichtig toe. Dek af en laat grondig afkoelen, minimaal 1 uur.

ORGANENVLEES

91. In de pan geschroeide rundvleestong

INGREDIËNTEN:
- 2 hele rundertongen, afgespoeld
- 2 eetlepels reuzel of boter
- 6 kopjes water
- Kruiden naar keuze

INSTRUCTIES:
a) Het is het beste om het in een instantpan of snelkookpan te koken.
b) Voeg water en tongen toe aan een instantpan en kook op 'Handmatig' gedurende 35 minuten. Laat de druk op natuurlijke wijze ontsnappen.
c) Als je geen instantpot hebt, giet dan water in een pan. Voeg de tongen toe en plaats de pan op middelhoog vuur.
d) Wanneer het begint te koken, zet je het vuur laag. Kook afgedekt gaar.
e) Verwijder de tongen en plaats ze op uw snijplank. Wanneer het koel genoeg is om te hanteren, snijd je het in plakjes. Strooi er de kruiden naar keuze overheen.
f) Zet een pan op middelhoog vuur. Voeg boter toe. Zodra de boter smelt, plaats je de tongschijfjes in de pan en schroei je ze 2-3 minuten dicht. Als je aan de ene kant klaar bent, bak je de andere kant tot je een goede goudbruine kleur krijgt. Heet opdienen.

92.Marokkaanse leverkebabs

INGREDIËNTEN:
- 8 ons niervet, optioneel maar raadzaam, in blokjes gesneden
- 2,2 pond verse kalfs- of lamslever (bij voorkeur kalfslever), verwijder het transparante membraan, snijd in blokjes van ¾ inch

MARINADE
- 2 eetlepels gemalen zoete paprika
- 2 theelepels zout
- 1 theelepel gemalen komijn

SERVEREN
- 2 theelepels gemalen komijn
- 2 theelepels cayennepeper (optioneel)
- 2 theelepels zout

INSTRUCTIES:
a) Doe de lever en het vet in een kom en meng goed.
b) Strooi paprikapoeder, zout en komijn erover en meng opnieuw tot alles goed bedekt is.
c) Dek de kom af en zet 1 - 8 uur in de koelkast.
d) Haal de kom 30 minuten voor het grillen uit de koelkast.
e) Zet uw grill op en verwarm deze voor op middelhoog vuur.
f) Prik de leverblokjes afwisselend met niervetblokjes op spiesjes, zonder enige ruimte ertussen te laten. Plaats ongeveer 6 - 8 blokjes lever op elke spies.
g) Plaats de voorbereide spiesjes op de grill en gril ze ongeveer 8 - 10 minuten, waarbij u ze regelmatig draait. De lever moet van binnen goed gaar zijn en sponsachtig zijn als je erop drukt.
h) Heet opdienen.

93.Quiche van de vleeseter

INGREDIËNTEN:
- 1 pond rundergehakt
- 1 pond rundergehaktlever
- 1 pond rundergehakthart
- Boter of ghee of rundervet of een ander dierlijk vet naar keuze, om te koken, zoals vereist
- Zout naar smaak
- 6 eieren

INSTRUCTIES:
a) Neem 2 taartplaten (25 cm) en vet ze licht in met wat boter of ghee.
b) Zorg ervoor dat uw oven is voorverwarmd tot 360 ° F.
c) Voeg rundvlees, runderlever, runderhart, zout en eieren toe aan een kom en meng goed.
d) Verdeel het mengsel over de 2 taartplaten.
e) Bak de vleespasteitjes tot ze stevig zijn, ongeveer 15 tot 20 minuten.
f) Snijd elk stuk in 4 gelijke partjes als het klaar is en serveer.

94. Gemakkelijk rundvleeshart

INGREDIËNTEN:
- 4 ons rundergehakthart
- 4 ons rundergehakt
- ½ theelepel zout

INSTRUCTIES:
a) Doe het hart van het rundergehakt, het gehakt en het zout in een kom en meng goed.
b) Verdeel het mengsel in 2 porties en maak balletjes.
c) Bewaar ze in een ovenschaal van glas.
d) Zorg ervoor dat uw oven is voorverwarmd tot 360 ° F.
e) Plaats de ovenschaal in de oven en bak tot het vlees binnen ongeveer 20 minuten goed gaar is.

95.Taart van een vleeseter

INGREDIËNTEN:
BRAUNSCHWEIGER
- ¼ pond varkensschouder of rundertong, in blokjes gesneden
- 10 ons varkens- of runderlever, in blokjes gesneden
- 2 hardgekookte eieren, gepeld
- 6 ons varkensrugvet, in blokjes gesneden
- 1 ½ theelepel roze zeezout

VOOR HET TOPPEN
- 6 plakjes prosciutto of carpaccio
- 6 plakjes spek

INSTRUCTIES:
a) Maak dit gerecht 1 tot 2 dagen voor het eten.
b) Voeg varkenslever, schouder en vetblokjes toe in een keukenmachine en verwerk goed.
c) Giet het in een springvorm. Dek de pan af met folie, zodat er geen water in de pan komt. Zorg ervoor dat het stevig is ingepakt.
d) Neem een braadpan, groter dan de springvorm en giet een centimeter kokend water op de bodem van de pan.
e) Plaats de springvorm in de braadslede.
f) Zet de braadslede samen met de springvorm in de oven voor ongeveer 2 uur. Zorg ervoor dat uw oven is voorverwarmd tot 300 ° F voordat u de braadpan in de oven plaatst.
g) Haal de springvorm uit de oven. Maak 2 kuiltjes in de pan, groot genoeg dat er een ei in past. Doe in elk kuiltje een gekookt ei. Bedek de eieren met een lepel vlees.
h) Koel en plaats in de koelkast gedurende 1 - 2 dagen.
i) Leg de plakjes prosciutto en spek erop. Dienen.

96. Gemakkelijke rundvleesnierbeten

INGREDIËNTEN:
- 2 rundernieren
- Koude boter om te serveren (optioneel)
- Zout naar smaak (optioneel)

INSTRUCTIES:
a) Doe de nieren in een pot en bedek ze met water.
b) Zet de pot op middelhoog vuur.
c) Zodra het begint te koken, laat je het op middelhoog vuur sudderen, gedeeltelijk afgedekt.
d) Giet het water na 8 minuten af.
e) Als u wilt, kunt u de nier met water spoelen.
f) Snijd in hapklare stukken. Breng op smaak met zout en serveer eventueel met boter.

97. Rundvlees- en kippenleverburgers

INGREDIËNTEN:
- 2 ons kippenlever
- 10 grasgevoerd rundvlees
- ½ theelepel gevogeltekruiden
- ½ theelepel zout
- ¾ theelepel gemalen koriander
- ½ theelepel peper

INSTRUCTIES:
a) Voeg kippenlever, rundvlees, gevogeltekruiden, zout, koriander en peper toe in een keukenmachine en verwerk alles goed.
b) Maak 2 pasteitjes van het mengsel
c) Verwarm de grill voor op middelhoog vuur.
d) Grill de burgers naar wens aan beide kanten.
e) Heet opdienen.

98.Kippenharten

INGREDIËNTEN:
- 2 pond kippenharten, gedept gedroogd met keukenpapier
- 2 theelepels cayennepeper of naar smaak
- 2 theelepels peper of naar smaak
- 2 theelepels zout of naar smaak
- 2 theelepels knoflookpoeder
- 2 theelepels uienpoeder of naar smaak

INSTRUCTIES:
a) Maak een ovenschaal klaar door deze te bekleden met folie.
b) Plaats de kippenharten in de ovenschaal. Strooi de kruiden erover en roer goed door.
c) Zorg ervoor dat uw oven is voorverwarmd tot 350 ° F.
d) Bak de kippenharten ongeveer 30 minuten.
e) Heet opdienen.

99. Geroosterd beenmerg

INGREDIËNTEN:
- 8 beenmerghelften
- 1 eetlepel gehakte peterselie, om te garneren
- Versgemalen peper naar smaak
- Zeezoutvlokken

INSTRUCTIES:
a) Leg de beenmerghelften met het merg naar boven op een omrande ovenschaal.
b) Zorg ervoor dat uw oven is voorverwarmd tot 350 ° F.
c) Bak de beenmerg ongeveer 20 - 25 minuten tot het beenmerg knapperig en goudbruin is.
d) Strooi zout en peterselie erover en serveer.

100.Kippenlever Pate

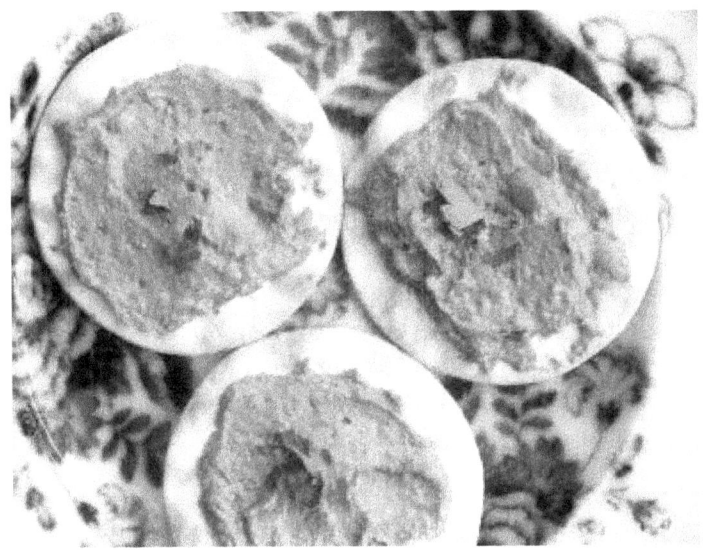

INGREDIËNTEN:
- 4 ons kippenlevertjes, bijgesneden, pezen weggooien
- ½ theelepel uienpoeder
- ½ eetlepel gehakte peterselie
- Peper naar smaak
- ¼ kopje boter of eendenvet
- 1 teentje knoflook, gepeld, fijngehakt
- ¼ theelepel zout

INSTRUCTIES:
a) Zet een koekenpan met ½ eetlepel boter op middelhoog vuur. Als de boter smelt, voeg dan de knoflook toe en roer gedurende 30 - 45 seconden tot het aromatisch is.
b) Voeg de lever toe en kook tot hij rondom goudbruin is.
c) Voeg peterselie toe en meng goed. Zet het vuur na een minuut uit.
d) Laat even afkoelen en doe het in een keukenmachinekom. Voeg ook de rest van de boter en het zout toe en verwerk tot alles goed gepureerd is.
e) Schep in 3 schaaltjes. Dek af met huishoudfolie en zet 4 - 8 uur in de koelkast. Koel Serveren.

CONCLUSIE

Terwijl we onze reis door Het Vleeseter Buitenkookboek afronden, hopen we dat je de spanning van de jacht en het plezier van het koken van wild in de vrije natuur hebt omarmd. Elk recept op deze pagina's is een bewijs van de rijkdom en diversiteit aan smaken die kunnen worden ontgrendeld wanneer de rijkdom van de natuur voldoet aan de vaardigheden van de buitenkok.

Of u nu heeft genoten van de rokerige tonen van gegrild hert, hebt genoten van de hartige warmte van een kampvuurstoofpot, of heeft genoten van de nuances van gerookt wild, wij vertrouwen erop dat deze recepten voor vrij wild een nieuwe dimensie hebben toegevoegd aan uw buitenkookrepertoire. Mogen naast de recepten ook de ervaring van het koken op open vuur, de geur van houtrook en de gedeelde momenten rond het kampvuur dierbare herinneringen worden aan uw buitenavonturen.

Moge " Het Vleeseter Buitenkookboek " uw vertrouwde metgezel zijn terwijl u de uitgestrekte landschappen en wilde plekken blijft verkennen, en u inspireren om met nieuwe technieken te experimenteren, de spanning van de jacht te vieren en te genieten van de geneugten van buitenkoken. Op de vrijheid van de open lucht, de smaken van het wild en de blijvende traditie van buitenfeesten. Veel kookplezier, buitenliefhebber!

www.ingramcontent.com/pod-product-compliance
Lightning Source LLC
Chambersburg PA
CBHW071318110526
44591CB00010B/931